Pamela SHEPPARD · Bénédicte LAPEYRE

THE OFFICE
IN FRENCH
AND ENGLISH

LE SECRÉTARIAT
EN ANGLAIS COMME
EN FRANÇAIS

NICHOLAS BREALEY
PUBLISHING
LONDON

First published by
Nicholas Brealey Publishing Limited in 1994
156 Cloudesley Road
London N1 0EA

© **Business Across Borders** Series, Nicholas Brealey Publishing 1994
© Introduction, John Mole 1994 (translated by Christine Penman)
© Text, Les Editions D'Organisation 1991
   1, rue Thérard, 75240 Paris

ISBN 1 85788 036 6

This Nicholas Brealey edition is an adaptation of the work published by Les Editions
d'Organisation under the title:
Secrétaires, Communiquez Mieux En Anglais

British Library Cataloguing in Publication Data
A catalogue record for this book is available from the British Library.

Typeset by August Filmsetting, Haydock, St Helens
Printed and Bound in Finland by Werner Söderström Oy

BUSINESS ACROSS BORDERS

MEETINGS
in French and English
Pamela Sheppard and Bénédicte Lapeyre
Introduction by John Mole

NEGOTIATE
in French and English
Pamela Sheppard and Bénédicte Lapeyre
Introduction by John Mole

SPEECHES AND PRESENTATIONS
in French and English
Pamela Sheppard

Contents

Sommaire

Preface

Today, more than ever before, it is essential to be able to speak foreign languages. Each of us must prepare to take up the challenge of the single market. Fluency in French and English is an asset. If you look pleasant and well groomed and have good qualifications, you will find a job, but a foreign language will provide that competitive edge which will enable you to get a more interesting post with a higher wage and better prospects for promotion.

The aim of this book is to help you to communicate confidently in your job. This will benefit both you and your employer. You will find here the essential vocabulary and expressions you need in the different situations of professional life. You will also find arguments to defend your viewpoint.

This bilingual book is easy to use. It has ten chapters, each one presenting situations that you will encounter in your working life, ranging from your first job to the social side of professional life (farewell parties and birthdays). Tests with answers are supplied to check your knowledge of the expressions.

We have translated literally whenever possible but our primary concern has been to respect the authenticity of each language.

Préface

Aujourd'hui plus que jamais il est nécessaire de parler plusieurs langues. Pour faire face au défi du Marché Unique, chacun doit se préparer. La maîtrise du français et de l'anglais assurera un avantage à celle qui la possède. Une bonne présentation, une formation sérieuse vous permettront de trouver du travail, une deuxième langue vous donnera la chance d'être choisie pour les postes les plus intéressants, d'obtenir une rémunération plus élevée et des perspectives de promotion plus rapide.

Ce livre vous donnera les moyens de communiquer aisément dans les relations professionelles. Le bénéfice rejaillira non seulement sur vous, mais aussi sur celui qui vous emploie. Vous trouverez les phrases et les expressions à utiliser dans les différentes situations de la vie professionelle. Vous y trouverez également les arguments à développer pour défendre votre point de vue.

Ce livre est d'un usage très facile. Il se compose de dix chapitres bilingues. Chacun d'eux reprend une situation que vous serez amenée à rencontrer dans le milieu où vous travaillez, depuis votre premier emploi jusqu'aux relations socioprofessionnelles (verres d'adieu, anniversaires). Des tests avec un corrigé ont été placés à la fin du livre pour vérifier vos connaissances.

Dans la mesure du possible la traduction littérale a été respectée, mais nous avons voulu, avant tout, garder l'authenticité de la langue.

Introduction

PA's and secretaries working in an international environment are confronted by a double challenge when working with people from French speaking (English speaking) countries and cultures. If they are regularly dealing with foreign bosses or colleagues or clients, they will want to communicate and understand as effectively as they do on their home ground and in their own language. The main purpose of this book is to help them do this. But PA's and secretaries also represent their boss and their team. Often they are the first point of contact. So even if they are not directly involved in meetings and negotiations, they have an opportunity and a responsibility to be aware of differences in business practice and behaviour; they can help their bosses avoid the pitfalls and identify the opportunities in negotiating with foreigners or working together in transnational teams.

LANGUAGE

When French speakers and English speakers work together the most obvious difference between them and the biggest source of initial misunderstandings is language. It is the first barrier we have to cross. So if you are doing business in the other person's language you should go straight to the meat of the book and make sure you have mastered the vocabulary and the phrases you will need to make yourself understood. There are no short cuts. They have to be learned so that you are not struggling for the right word when you should be concentrating on the business in hand.

The phrases and expressions in the text are models of clarity. Many misunderstandings could be avoided if everyone spoke their own language as clearly. English and French are both international languages and native speakers, whether out of ignorance or chau-

Introduction

Travailler dans un contexte international en tant qu'assistant ou secrétaire oblige à relever un double défi lorsqu' on est amené à être en contact avec des francophones ou des anglophones issus de pays et de cultures différents des siens. Celui qui a l'habitude de traiter avec un patron, des collègues ou des clients étrangers va absolument vouloir comprendre et être compris avec autant d'aisance que dans son milieu d'origine et sa langue maternelle. L'objectif premier de cet ouvrage est de lui en donner les moyens. De plus, il arrive souvent qu'un assistant ou qu'une secrétaire représentent leur patron ou leur service. La plupart du temps le premier contact passe par eux. De la sorte, même s'ils ne sont pas directement impliqués dans les réunions et dans les négociations, il est de leur ressort et de leur responsabilité de prendre conscience des différences qui existent entre les milieux d'affaires, tant dans la façon dont on mène celles-ci que dans le comportement à adopter. Ils peuvent ainsi aider leurs supérieurs à éviter les pièges et à déceler des opportunités lors de négociations avec des étrangers ou dans le cadre du travail d'équipes multinationales.

LA LANGUE

Lorsque des français et des anglais travaillent ensemble, la langue constitue à l'évidence la difficulté majeure entre eux, principale source des malentendus qui peuvent se faire jour dès le début. C'est donc le premier obstacle qu'il faut surmonter. Par conséquent, si vous traitez en affaires dans la langue de l'autre personne, il vous faut vous attaquer directement à la substance de ce livre et vous assurer que vous maîtrisez le vocabulaire et les expressions dont vous aurez besoin pour vous faire comprendre. Il n'y a pas de raccourcis. Vous devez apprendre ces expressions pour que vous ne soyez pas pris au dépourvu et que vous n'ayez pas à chercher le mot juste alors que vous devriez vous concentrer sur l'affaire à traiter.

Les expressions qui figurent dans cet ouvrage sont la clarté même. De nombreux malentendus pourraient être évités si tout le monde parlait sa propre langue aussi clairement. L'anglais et le français sont tous deux des langues internationales et les personnes

vinism, often fail to acknowledge that the international form of their language is not the same as their own. It is spoken more slowly, with a standard accent and limited vocabulary and does not contain any of the imagery and slang and jargon and jokes that enliven ordinary speech. While the British are more often the culprits – frequently using phrases like 'bear with me' or 'what's the bottom line' – French also has its share of the untranslatable. Both sides should swallow their national pride and try to speak their own language as their foreign counterparts speak it. The result may be the bland Eurospeak that blights Brussels but at least everyone understands it.

Another potential trap is the false friend. As you go through the text keep an eye open for words which look the same in both languages but have different meanings. For example the French word 'prétend' does not mean 'pretend' in English. It means 'maintain' or 'allege'. 'Pub' in French is short for 'publicité' (advertising) and not 'public house' (a bar). A 'qualified acceptance' in English does not mean an unconditional acceptance, as it does in French and many other European languages, but a conditional one. The English 'eventually' means 'in the end' and not 'when the circumstances are appropriate' as it does in French. When the French say 'intéressant' they often mean 'profitable', not interesting.

The British should also bear in mind that they are minority speakers of English and that foreigners may prefer to speak North American or International English. When foreigners say 'quite', as in 'quite pretty', they may mean the American 'very pretty' and not the lukewarm 'fairly pretty' as in English. If foreigners say one should 'table a proposal' they may mean 'shelve a proposal' which is American usage. For the same reason French people dealing with Americans should not be surprised if some of the British English they use is incomprehensible. For example Americans only use 'diary' to indicate a personal journal. Appointments are put in a calendar.

ayant pour langue maternelle une de ces deux langues refusent souvent d'admettre, par ignorance ou par chauvinisme, que la version internationale de leur langue n'est pas nécessairement celle qu'ils parlent. Cette version internationale est parlée plus lentement, avec un accent standard et utilise un vocabulaire limité tout en excluant le langage imagé, l'argot, le jargon et l'humour qui colorent le langage ordinaire. Les britanniques sont souvent coupables de ce délit, en ponctuant par exemple leur discours d'expressions telles que 'bear with me' ou 'what's the bottom line' mais le français comporte également bon nombre d'expressions intraduisibles. Il faudrait que soit ravalé l'orgueil national d'un côté comme de l'autre et que tout un chacun essaie de parler sa propre langue comme la parlent ses homologues étrangers. Il en résulterait peut-être le type de langage fade qui est l'apanage de Bruxelles mais du moins est-ce compréhensible de tout le monde.

Les faux-amis constituent un autre piège. Lorsque vous parcourez ce livre, essayez de repérer les mots qui se ressemblent dans les deux langues mais qui ne signifient pas le même chose. Par exemple 'prétend' en français ne signifie pas 'pretend' en anglais, son équivalent étant 'maintain' ou 'allege'. 'Pub' en français est l'abréviation de 'publicité' et non pas de 'public house' (bar). 'Qualified acceptance' en anglais ne veut pas dire la même chose que 'unconditional acceptance' comme serait enclin à le penser un francophone ou un autre européen, l'adjectif ayant le sens de 'conditionnel'. L'adverbe anglais 'eventually' signifie 'au bout du compte' et non 'éventuellement'. quand les français disent 'intéressant', ils ont souvent à l'esprit l'équivalent de 'profitable' et non celui de 'interesting'.

Il faudrait également que les britanniques gardent à l'esprit le fait qu'ils ne représentent qu'une minorité d'anglophones et qu'il se peut que certains étrangers préfèrent parler l'américain ou un anglais international. Lorsqu'un étranger utilise le mot 'quite' comme dans 'quite pretty', il veut peut-être dire 'very pretty' selon l'usage américain et non la version tiède de l'anglais 'fairly pretty'. Si un étranger utilise l'expression américaine 'table a proposal', il veut sans doute dire 'shelve a proposal' pour un anglais. De même, les français qui traitent avec des américains ne devraient pas manifester trop de surprise si leur anglais britannique n'est pas toujours compris. A titre d'exemple, les américains n'utilisent le mot 'diary' que pour se référer à leur journal intime. Ils prennent note de leurs rendez-vous dans un 'calendar'.

It is extremely difficult to eliminate these idiosyncrasies because language cannot be divorced from the culture from which it takes life and to which it gives expression. We do not use easier and more practical languages like Esperanto because they have no roots in a living culture. We put up with the irregularities and oddities of French and English because we know instinctively that they are more than a vehicle for putting over facts and ideas. They embody the way people think and feel and behave, their values and beliefs, the way they see themselves and their fellow men and the world in which they live.

BODY LANGUAGE

Although language is the single most important element in communication it is by no means the only one. It has been said that communication is only twenty percent verbal while the rest is intonation, body language, environment and so on. You may wonder how the percentage can be calculated but the fact remains that mastering the vocabulary and the grammar is only the beginning of effective communication.

Take a simple example. Make a circle by putting the tip of your middle finger on the top of your thumb. In Britain this usually means OK, good. In France it means zero, bad. (In the Eastern Mediterranean it is obscene). Many other gestures and signals, whether deliberate or unconscious, have different meanings to foreigners. When a Frenchman hesitates in a conversation he may make a puffing sound like the airbrakes of a truck. To the British this can sound contemptuous. Meanwhile foreigners may be mystified by the hesitant 'um' which is peculiar to English. The first lesson is to avoid such visual and oral slang. The second and more important lesson is not to jump to the wrong conclusion if the other person seems rude or stupid – the chances are very high that you are misinterpreting the words or the signals.

Il est extrêmement difficile de faire fi de ces particularismes car un langue ne peut pas être dissociée de la culture dans laquelle elle prend source et à laquelle elle prête voix. Une langue plus facile et plus courante, telle que l'Esperanto n'a pas d'application courante parce que ce type de langue n'a pas de racines dans une culture vivante. Nous nous résignons aux irrégularités et aux excentricités du français ou de l'anglais parce que nous savons d'instinct que ces langues ne se limitent pas à véhiculer des faits et des idées. Elles cristallisent la façon de penser des gens, leurs sentiments, leurs comportements, leurs valeurs et leurs croyances, le regard qu'ils portent sur eux-mêmes et sur leurs contemporains ainsi que sur le monde dans lequel ils évoluent.

LE LANGAGE DU CORPS
Bien que le langage parlé ou écrit soit un outil essentiel de communication, c'est loin d'être le seul. On considère que les actes de communication ne sont verbaux qu'à vingt pour cent, le reste étant transmis par l'intonation, la gestuelle, l'environnement et autres. Il vous est permis de vous demander comment ces pourcentages sont calculés mais le fait est que la maîtrise du vocabulaire et de la grammaire ne constitue que le prélude d'un acte de communication efficace.

Prenons un exemple tout simple. Si vous formez un cercle en joignant votre majeur au bout de votre pouce, votre geste sera interprété en Grande-Bretagne et en Amérique comme signifiant 'OK', 'bon'. Ce même geste signifie 'nul', 'mauvais' en France. (Dans les pays situés à l'est du bassin méditerranéen, ce geste est carrément obscène). De nombreux autres gestes et signes, qu'ils soient faits de façon délibérée ou non, ont pour les étrangers différents sens. Lorsqu'un français marque une hésitation au cours d'une conversation, il émet un son soufflé qui ressemble à celui que dégagent les freins à air comprimé d'un camion. Ce son a une tonalité méprisante pour les britanniques. Les étrangers peuvent de même être sidérés par les 'um' d'hésitation propres aux anglais. La première chose à retenir est qu'il vaut mieux éviter ce type d'argot visuel ou oral. La second chose et la règle la plus importante est qu'il ne faut pas tirer de conclusions hâtives si la personne en face de vous vous paraît manquer de manières ou d'intelligence: il est fort à parier que vous interprétez mal les paroles ou les signes qui vous sont adressés.

HUMOUR

One frequent source of misunderstanding is the use of humour. The authors rightly point out that it can help to overcome the cool feelings that are almost inevitable in any negotiation. However it should be used with the greatest care. Humour does not travel well across frontiers, as a glance at a foreign cartoon book will demonstrate. It relies considerably on linguistic flexibility – under-statement, allusion, wordplay and so on – and is highly context related. While both French and British are fond of irony and sarcasm, what is to be amusing banter can often appear insulting or incomprehensible to foreigners. British are also fond of self-deprecation which is alien to a French or American mentality.

In Britain humour is an essential ingredient in corporate life. The British have an aversion to seriousness and it is important to be entertaining as often as possible. It is almost a professional qualification – how many times do job advertisements contain 'sense of humour required'. Humour is used to break the ice, put people at their ease, conceal social awkwardness and embarrassment, communicate something unpleasant. At the beginning of a meeting a British chairman will often make a joke to relax people before getting down to business. During the meeting if the discussion gets heated or the negotiations look like breaking down a standard British ploy is to defuse the situation with a joke to get the discussion going again. In France however, as in North America, people tend not to joke about serious matters and to joke about an important issue is thought out of place. To do so can look flippant and cynical.

Does this mean that one should always be deeply serious? Certainly not. But it is best to be cautious and aware of what effect humour will have in a particular context.

L'HUMOUR

L'utilisation de l'humour entraîne fréquemment des interprétations erronées. Les auteurs font remarquer avec raison qu'en usant d'humour vous pouvez détendre une atmosphere crispée, chose inévitable dans toute négociation. Il convient cependant de l'utiliser à bon escient. L'humour ne franchit pas intact les frontières, comme peut le confirmer un coup d'oeil à une bande dessinée étrangère. Il se fonde sur une grande malléabilité linguistique en faisant ample usage d'euphémismes, d'allusions, de jeux de mots et autres et fait constamment référence au contexte culturel. Les français comme les britanniques sont amateurs d'ironie et de sarcasme mais ce qui n'est que plaisanteries légères peut être perçu comme propos insultants ou incompréhensibles par certains étrangers. Les britanniques aiment à se dénigrer, forme d'humour que ne reconnaissent pas les mentalités française ou américaine.

L'humour est en Grande-Bretagne intimement lié à la vie d'entreprise. Les britanniques détestent ce qui paraît trop sérieux et il est important pour eux de faire preuve d'humour aussi souvent que possible. Il s'agit pratiquement là d'une qualification professionnelle, preuve en est la fréquence avec laquelle 'sens de l'humour exigé' figure dans les annonces d'emplois. On fait appel à l'humour pour détendre l'atmosphère, pour mettre les gens à l'aise et pour cacher une certaine gêne ou de l'embarras ou même pour faire part de quelque chose de déplaisant. Il est fréquent que le président britannique d'une réunion ouvre la séance en faisant un plaisanterie pour mettre les participants à l'aise avant que ne soient entamées les discussions propres. Si au cours de la réunion l'atmosphère s'échauffe ou si les négociations commencent à battre de l'aile, les britanniques ont souvent recours à une plaisanterie pour désamorcer la situation et remettre la discussion sur les rails. Toutefois en France comme en Amérique du Nord les gens n'ont pas tendance à plaisanter sur des sujects graves et il est pour eux de mauvais aloi de tourner une question sérieuse à la plaisanterie. Cela peut trahir à leurs yeux une attitude désinvolte et cynique.

Est-ce que cela veut dire que l'on doit toujours conserver son sérieux? Loin de là. Il vaut mieux cependant faire preuve de prudence et être conscient de l'effet que l'humour peut avoir dans un contexte particulier.

FIRST ENCOUNTERS

Language is only the beginning. The way people behave in a business or a social context varies from country to country. Differences in behaviour begin on the superficial level of etiquette. It is commonplace that the French shake hands more often than Anglo-Saxons. But it is not only when you do it but how that can vary. North Americans are taught to look the other person in the eye and use a firm grip, avoiding the limp fish syndrome. In the south of France the arm squeeze with the left hand is common or the so-called 'radical handshake' in which you grasp the other person's hand with both of yours, a vestigial Mediterranean embrace. Is the difference important? A relationship that stands or falls on how often you shake hands is probably not worth much to begin with. But the cumulative effect of all these manners and mannerisms can build up into a basic antipathy which makes it just that little bit more difficult to achieve a good working relationship.

In real life the English versions of the dialogues that follow would most likely use first names and the French versions last names. In most Anglo-Saxon organisations one gets rapidly on the first name terms, even with outsiders who have only just been introduced. In general French speakers at all levels of the organisaton are treated with more formality and distance than their British counterparts. Colleagues of many years still call each other by title and last name, especially if there is any difference in their status. If a secretary and her boss are on first name terms it may imply a more than professional relationship. (There are of course exceptions depending on generation and seniority and industry and size of company.) Anglo-Saxons should not be put off by formality and the Francophones by overfamiliarity when dealing with each other.

This is more than a convention. It reflects different ideas of personal relationships within an organisation and the relationship between individuals and the organisation to which they belong. In Anglo-Saxon countries personal commitment and loyalty to the org-

PREMIERES RENCONTRES

La langue n'est que la première pierre d'achoppement. Les gens se comportent en effet de façon différente – que ce soit en affaires ou en société d'un pays à l'autre. Les différences de comportement se manifestent tout d'abord au niveau superficiel de l'étiquette. Il est bien connu que les français serrent la main plus souvent que les anglo-saxons. Toutefois il ne s'agit pas uniquement de savoir quand serrer la main: il faut savoir comment le faire. On apprend aux américains à regarder l'autre personne droit dans les yeux et à avoir une poignée franche afin d'éviter le syndrome de la main molle. Dans le sud de la France, il est courant de serrer le bras de la main gauche ou de serrer des deux mains la main de l'autre personne dans un geste dit 'poignée radicale', vestige de l'accolade méditerranéenne. Ces différences sont-elles importantes? Une relation commerciale qui devrait sa réussite ou son échec à la fréquence avec laquelle vous serrez la main de votre partenaire n'aurait probablement pas beaucoup de crédibilité. Cependant c'est l'effet cumulé de tous ces comportements particuliers et façons de faire qui peuvent à la longue jeter un froid, ce qui ne facilite pas une bonne relation commerciale.

Dans la vie de tous les jours, la version anglaise des dialogues qui suivent utiliserait selon toute probabilité les prénoms tandis que la version française se limiterait aux noms de famille. Dans la plupart des organismes anglo-saxons on utilise très rapidement les prénoms, même ceux de personnes étrangères à l'organisme pour qui les présentations viennent juste d'être faites. En règle générale les francophones sont traités de manière plus formelle et avec plus de distance, quelle que soit leur position hiérarchique. Des collègues de longue date s'appellent toujours par leur nom de famille et par leur titre, surtout s'ils ne sont pas au même niveau hiérarchique. Si une secrétaire et son patron s'appellent par leurs prénoms, il peut être inféré que leur relation n'est pas purement professionnelle. (Il y a bien sûr des exceptions à cela selon l'écart des générations, l'ancienneté, le secteur d'industrie et la taille de l'entreprise). Les anglo-saxons ne devraient pas se sentir gênés par un certain degré de formalité ni les francophones par une familiarité qui peut leur paraître excessive dans leurs rapports mutuels.

Il ne s'agit pas là uniquement de conventions. On voit reflétés dans ces comportements différents points de vue sur les relations personnelles au sein d'une organisaton et sur les liens qu'entretiennent les individus entre eux ainsi qu'avec l'organisme auxquels ils

anisation tend to be stronger and interpersonal relationships more intimate. It is acceptable to make business calls to a colleague's home and people socialise more after hours and at weekends than in continental Europe where there is a greater sense of privacy and a sharper distinction between business and personal life. There has to be a very good reason to make a business call to someone at home.

If you are in the middle of a negotiation and it is lunchtime, the English speakers may suggest sandwiches and coffee round the table while everyone gets on with the business. This is an indication that they are taking it seriously. Breaking off to go to a restaurant may be seen as an unnecessary interruption. But for the French speakers the signals are opposite. Food and wine figure much higher in the value system than among most Anglo-Saxons. Going to a good restaurant is an indication of seriousness as well as an opportunity to take the negotiation further.

Wining and dining together are more important the further south one goes in Europe, not because Mediterraneans are more sybaritic but because of different concepts about the role of personal relationships within a business relationship. In Britain and even more so in North America a business relationship is seen as independent from a personal relationship. It is possible to walk into the office of a complete stranger with a proposal and begin to talk business. The further south and east one goes through Europe the more important it is to establish a relationship based on mutual respect and trust before one can even begin to get down to business. Hospitality and gift giving are an integral part of the courtship period, unlike northern countries where they belong to the honeymoon. Potential partners look for reassurance that they are good people to do business with before they look at the deal itself. This is not as noticeable in Belgium and France, which straddle the cultures of the North Sea and the Mediterranean, as it is in other Mediterranean countries, but nevertheless it often takes more time and more visits to restaurants to establish a meaningful business relationship than in Britain or North America.

appartiennent. Dans les pays anglo-saxons les notions d'engagement personnel et de loyauté envers l'entreprise ont tendance à être plus importantes et les relations interpersonnelles plus intimes. Il est tout à fait convenable d'appeller un collègue de travail chez lui et les gens se retrouvent davantage en dehors des heures de travail et le week-end que dans le reste de l'Europe où la vie privée est davantage préservée et où la distinction entre affaires et vie privée est plus nette. Il faut dans ce cas avoir une raison très valable pour appeler quelqu'un chez lui pour parler affaires.

Si vous êtes en pleine négociation à l'heure du déjeuner, il est possible que les anglophones suggèrent de faire circuler des sandwichs et du café autour de la table pour permettre à tout le monde de poursuivre les discussions entamées. Il pourrait être considéré comme mal venu d'interrompre la réunion pour aller au restaurant. Cependant, pour les francophones, les signes sont inversés. La bonne chère et le vin figurent en meilleure place dans leur système de valeurs que dans celui des anglo-saxons. Pour eux le fait que l'on vous emmène dans un bon restaurant signifie que vous êtes pris au sérieux tout en offrant la possibilité de poursuivre les négociations.

Un bon repas arrosé de bon vin acquiert de plus en plus d'importance au fur et à mesure que vous descendez vers le sud de l'Europe, non pas parce que les peuples méditerranéens sont des sybarites mais en raison de différentes conceptions du rôle des rapports personnels dans le cadre d'une relation commerciale. En Grande-Bretagne et dans une plus grande mesure en Amérique du Nord, les relations commerciales sont considerées comme étant distinctes des relations personnelles. Il est possible de faire son entrée dans le bureau d'une personne qui vous est complètement étrangère et de commencer d'emblée à parler affaires.

En Europe, plus on se dirige vers le sud ou vers l'est, plus il est important d'établir une relation basée sur une confiance et un respect mutuels avant même de commencer à parler affaires. L'offre d'hospitalité et de cadeaux sont des artifices qui aident à faire une cour prolongée tandis que dans les pays du nord ce sont des prérogatives de la lune de miel. Des partenaires commerciaux potentiels cherchent à être rassurés qu'ils sont considérés comme des candidats de choix avant même de se pencher sur le contrat offert. Ceci n'est pas une caractéristique prépondérante de la Belgique ni de la France qui sont à cheval sur les cultures des pays de la mer du Nord et de la Méditerranée, contrairement à ce qui prévaut dans d'autres pays méditerra-

These are just a few examples of differences in conventions of behaviour. There are many more for readers to discover for themselves. None of them are accidental but all rooted in an underlying value system. They only give problems when outsiders misinterpret them according to their own sets of values. Often it is simply getting used to them like the climate or the food while one gets on with the business. Some are an improvement on what one is used to, others irritating, like conventions of punctuality. The differences which cause problems are those which underlie the way people work together and especially the hidden ones.

VIVE LE STEREOTYPE

Most of us carry around in our heads stereotypes of other nationalities. Rooted in long-standing familiarity and rivalry born of geographical proximity and shared history they are reinforced by caricatures. Never mind that many of the images are long out of date – when outside a cartoon did you last see a Frenchman in a beret with a loaf under his arm or an Englishman in a bowler hat? You only have to read French and British accounts of the same rugby match or the headline grabbing remarks made by politicians to see that like it or not, stereotypes are alive and well and play a very real part in the way we think about and deal with foreigners.

Stereotypes are fixed and perpetuated in the very language we speak. It is instructive to look up the word 'French ' in an English dictionary and 'anglais' in a French dictionary, or better still a slang dictionary. Some phrases respectfully acknowledge inventions, such as 'anglaiser' – to nick the base of a horse's tail so he carries it higher – and 'French polish'. Some are reciprocal – for example the equivalent of 'take French leave' is 'filer à l'anglaise'. Slang for a condom attributes the device to the French in English, and to the English in

néens. Il est toutefois nécessaire de consacrer davantage de visites et de sorties au restaurant pour y établir une relation commerciale solide qu'en Grande-Bretagne ou en Amérique du Nord.

Il ne s'agit là que de quelques dissimilitudes au niveau des conventions qui régissent les comportements. Les lecteurs en découvriront bien d'autres eux-mêmes. Aucune de ces différences n'est fortuite mais trouve au contraire sa source dans le système de valeurs sous-jacent. Cela ne devrait constituer un problème que si un étranger fait une erreur d'interprétation en se référant à son propre système de valeurs. Il s'agit la plupart du temps de s'acclimater à ces différences au même titre qu'aux conditions atmosphériques ou à la nourriture tout en se concentrant simultanément sur les négociations. Certaines de ces différences constituent une amélioration par rapport à la normale, d'autres peuvent être agaçantes telles que les conventions de ponctualité. Les différences qui causent problème sont celles qui interviennent au niveau des méthodes de travail en groupe, surtout lorsque celles-ci ne sont pas manifestes.

VIVE LES STEREOTYPES

La plupart d'entre nous avons en tête des stéréotypes sur les autres nationalités. Encouragés par un familiarité et une rivalité prolongées, dues à leur tour au rapprochement géographique et à une histoire en partie commune, ces stéréotypes sont renforcés par les caricatures. Peu importe que nombre de ces images soient depuis longtemps dépassées: quand, le contexte d'une bande dessinée mis à part, avez-vous vu pour la dernière fois un français portant un béret, la baguette de pain sous le bras ou un anglais arborant un chapeau melon? Il suffit de compulser des reportages français et britanniques sur un même match de rugby ou de lire les remarques à l'emporte-pièce de certains politiciens pour réaliser que ces stéréotypes sont bel et bien là qu'on le veuille ou non. Il est d'ailleurs indubitable qu'ils jouent un rôle dans la façon dont nous percevons et traitons les étrangers.

Ces stéréotypes sont figés et véhiculés par la langue que nous parlons. Il est intéressant de regarder le mot 'French' dans un dictionnaire d'anglais et le mot 'anglais' dans un dictionnaire de français, ou encore mieux de se référer à un dictionnaire d'argot. Certaines expressions reconnaissent consciencieusement le pays d'origine d'une invention, telles que les expressions 'anglaiser' et 'French polish' (qui renvoie à un procédé de vernissage à l'alcool). D'autres expressions ont des références réciproques telles que par exemple, 'filer à l'an-

French. Less tasteful images – for example other meanings of 'anglaiser' – associate the French with pleasure and sex and the English with violence and perversion. If you want examples you may look them up for yourself, for example in Harrap's English-French-English dictionary of slang. Suffice it to say that since the middle ages the British associate the French with making love, the French associate the British with making war.

VALUES

The stereotypes are based not only on history and experience but in real and fundamental differences in values. It is pointless and misleading to brush them off with the argument that we are really all the same underneath. The sooner we can take those differences seriously the sooner we can learn to work together. A recent article in 'Le Monde' (17 March 1992) looked with incredulity at the British custom of publishing the wills of the rich and famous in newspapers. The first source of astonishment was that the amounts should be made public. The personal affairs of individuals, alive or dead, are kept much more secret in France. The second, and even more astonishing, was that people were at liberty to leave their money to whomever they liked, even to animals. In France money is kept by law in the family whatever the testator wishes. 'Ils sont fous, ces Grands-Bretons' was the conclusion. While the article was meant to entertain it also pointed to very different attitudes to privacy and family, reinforced by law and custom.

SELF IMAGE

Even more revealing are the images that people have of themselves. They reflect in a more positive way the different values that are held by each society. Ask a group of French people why they are proud to be French and gastronomy, fashion, the perfume industry and literature come high on the list. The British equivalents are scientific achievements and the invention of competitive sports like soccer but they come lower down the list in favour of the monarchy, the legal

glaise' qui a pour équivalent 'take a French leave'. L'expression argo-tique pour un préservatif attribue cette découverte aux français en anglais et aux anglais en français. Certaines images moins savoureu-ses, par exemple d'autres sens du mot 'anglaiser', associent les fran-çais aux plaisirs de la chair et les anglais à la violence et à la perversion. Si vous désirez d'autres exemples, vous pourrez en trou-ver vous-même, par exemple en consultant le dictionnaire d'argot anglais-français de Harrap's. Il suffit ici de mentionner que depuis le Moyen-Age les britanniques associent les français aux ébats sexuels et qu'en retour les français associent les britanniques à la guerre.

VALEURS
Ces stéréotypes sont fondés non seulement sur des données histori-ques et sur l'expérience mais aussi sur des différences fondamentales au niveau des valeurs reconnues. Il serait inutile et erroné d'essayer de les écarter en déclarant qu'au bout du compte nous sommes tous les mêmes. Ce n'est qu'en considérant sérieusement ces différences que nous apprendrons à travailler ensemble. Un article paru le 17 mars 1992 dans 'Le Monde' expose avec incrédulité la coutume britanni-que qui consiste à publier dans la presse les testaments de personalités riches et célèbres. Le premier motif de surprise était que les sommes en cause fussent rendues publiques. Les affaires des particuliers, que ceux-ci soient vivants ou défunts, sont en France davantage entourées par le secret. Le deuxième facteur, qui provoqua encore plus d'éton-nement, était que les gens puissent laisser leur argent à qui bon leur semble, animaux y compris. En France l'argent reste juridiquement dans la famille, quelles que soient les volontés du défunt. L'article concluait: 'ils sont fous, ces grands-bretons'. Il avait certes pour but d'amuser mais traduisait également différentes attitudes vis-à-vis de la vie privée et de la famille, ces attitudes étant ancrées par le droit juridique et par l'usage.

L'IMAGE DE SOI
L'image que les gens ont d'eux-mêmes est encore plus révélatrice. Elle reflète de façon plus positive les différentes valeurs chéries par chaque société. Si vous demandez à un groupe de français pourquoi ils sont fiers d'être français, la gastronomie, la mode, l'industrie du parfum et la littérature figurent en bonne place. Les équivalents britanniques sont les réussites dans le domaine de la science et l'invention de sports compétitifs tels que le football mais ces derniers cèdent tout d'abord

system and the military. Belgians are proud of their internationalism, Americans of economic and business achievement. Asked what they have contributed to the world the British tend to emphasise the institutions of Empire – railways and parliamentary democracy – the French more abstract terms of culture and political theory, Americans the ideology of freedom and democracy.

How is this relevant to working together on a day-to-day basis? We may share similar goals with our business partners – create healthy business relationships, do business and make a profit – but this does not mean we have common ways of achieving them. Different values and different ways of thinking about ourselves create different ways in which people work together. They range from what you wear to work and how to greet your colleagues first thing in the morning to fundamental elements of working life such as the role of the boss, how meetings are conducted, how decisions are made and so on.

It is tempting to dismiss the differences as superficial. Likewise it is easy to ignore what we have in common with the each other, for the simple reason that we only notice the differences. Both strategies can lead to serious misunderstanding and, more important, fail to capitalise on the unique qualities that each side brings to the table. It is not possible in this short introduction to give a full account of all the differences between Anglo-Saxon and Gallic corporate cultures. The first reason is that many of them may not be an impediment to effective collaboration. The second reason is the danger of replacing one set of stereotypes with another. What follows is not an identikit but a pointer to the areas which most often present problems when French speakers and English speakers work together.

POWER IN ORGANISATIONS

The head of a French oil company once told me that he would dearly like to hire more British graduates because they worked so well in teams. When I asked him why he did not, he replied that their mathematics was not good enough.

la place à la monarchie, au système juridique et à l'armée. Les belges sont fiers de leur internationalisme, les américains de leurs réussites dans le domaine économique et commercial. Lorsqu'on leur demande de faire état de leurs contributions sur le plan mondial, les britanniques ont tendance à mettre en avant les institutions qui datent de l'Empire (les chemins de fer et la démocratie parlementaire), les français parlent davantage de culture et de théorie politique, les américains de l'idéologie de la liberté et de la démocratie.

Quelle est l'incidence de ces images sur les rapports de travail quotidiens? Nous avons certes des buts similaires à ceux de nos partenaires commerciaux: établir des relations commerciales saines, faire des affaires et réaliser un bénéfice. Cela ne signifie par pour autant que nous atteignions ces buts de la même manière. Le fait que nous ayons différentes valeurs et une perception différente de nous-mêmes entraîne différentes conceptions du travail en groupe. Ces dissimilitudes vont de la façon dont on s'habille pour se rendre au travail à la manière dont on salue un collègue le matin, en passant par des éléments clés de la vie active tels que le rôle du patron, la façon dont se déroulent les réunions, dont les décisions sont prises et ainsi de suite.

Il est fort tentant de reléguer ces différences au rang de détails superficiels. Il est de même aisé de ne pas faire cas de ce que nous avons en commun, pour la simple raison que nous ne remarquons que ce qui nous sépare. Ces deux approches peuvent engendrer de graves malentendus et, qui plus est, masquent les qualités uniques apportées de part et d'autre à la table de négociation. Il n'est pas possible dans cette brève introduction de faire état de toutes les différences qui séparent les milieux d'entreprise anglo-saxon et français. La raison majeure est que beaucoup de ces différences ne font pas nécessairement obstacle à une collaboration efficace. La deuxième raison est qu'il y aurait alors danger de remplacer certains stéréotypes par de nouveaux préjugés. Le but n'est pas d'esquisser un portrait-robot de la situation mais de vous guider dans certains domaines qui présentent des problèmes lorsque des anglophones et des francophones travaillent ensemble.

LA REPARTITION DU POUVOIR DANS LES ORGANISATIONS

Le dirigeant d'une compagnie pétrolière française m'a un jour confié qu'il aimerait beaucoup embaucher davantage de diplômés britanniques en raison de l'aise avec laquelle ils travaillent en équipe. Lorsque je lui ai demandé pourquoi il ne le faisait pas, il m'a rétorqué qu'ils n'étaient pas assez forts en maths.

This illustrates the importance French give to academic achievement. At the same time one can imagine the priorities reversed if it were a British manager speaking. The ability to work in teams is a necessity for a British manager – and fostered by British education which encourages team games and group work.

The relative importance given to teamwork is based on the underlying issue of who has power in an organisation and how it is used. Broadly speaking the French believe that power should be concentrated in the hands of competent individuals. This belief is shared by most North Americans. The British, in common with their North Sea neighbours, prefer power to be shared by groups. They joke about their love of committees but still they proliferate. The difference is, of course, a question of degree. French are not absolute dictators and the British are not lost in an anonymous collective. But it is real enough that it significantly affects the role of the boss, how subordinates behave, the conduct of meetings, the relationship between secretaries and their bosses, and many other aspects of how people work together.

TEAMWORK

In France more than in Britain and North America professional relationships between colleagues are founded more on rivalry than co-operation. Competitiveness is fostered by strong vertical hierarchies. Far from refreshing people find it disconcerting when others do not compete. They will not wait for a group consensus before taking an initiative. To those from more team-based cultures this can appear deliberately provocative and they should adjust their expectations of team working.

The concept of the team in France is a collection of specialists chosen for their competence in a given field under the command of an unequivocal leader. French speakers are disconcerted when there is not a well defined hierarchy. In Britain team members are chosen for their ability to function as team members as much as for the technical

Ceci illustre l'importance que les français accordent à la réussite scolaire. Il est également permis d'imaginer que les priorités seraient inversées si l'on s'adressait à un cadre britannique. La faculté de pouvoir travailler en équipe est une nécessité absolue pour un cadre britannique. Cette qualité est stimulée par le système éducatif britannique qui encourage les jeux d'équipe et le travail en groupe.

L'importance relative qui est accordée au travail d'équipe repose sur la question d'attribution du pouvoir au sein d'une organisation ainsi que sur la façon dont ce pouvoir est utilisé. En règle générale, les français estiment que le pouvoir doit être détenu par un certain nombre d'invidus compétents. La plupart des américains adoptent également cette attitude. Les britanniques se rangent du côté des pays limitrophes de la mer du Nord en préférant que le pouvoir soit distribué au sein d'un groupe. Ils tournent en dérision leur prédilection pour les comités, ce qui n'empêche pas pour autant ces derniers de proliférer. Cette différence est bien entendu une question de mesure. les français ne sont pas des dictateurs tyranniques ni les britanniques des individus perdus dans l'anonymat du collectif. Cependant cette dissimilitude est assez importante pour affecter de façon non négligeable le rôle du patron, le comportement de ses subordonnés, la manière dont se déroulent les réunions, les relations entre les secrétaires et leurs supérieurs ainsi que bien d'autres aspects régissant la façon dont les gens travaillent ensemble.

LE TRAVAIL EN EQUIPE

En France et ceci bien plus qu'en Grande-Bretagne et qu'en Amérique du Nord, les relations professionnelles entre collègues sont davantage basées sur la rivalité que sur un esprit de coopération. Ce climat compétitif est engendré par une échelle hiérarchique très rigide. Les gens sont déconcertés et non plaisamment surpris par ceux qui ne s'inscrivent pas dans cette perspective. Ils n'attendent pas que le groupe se soit mis d'accord pour prendre un initiative. Ceci peut sembler une provocation délibérée pour ceux qui proviennent d'une culture où l'esprit d'équipe prévaut mais ils devraient adapter au nouveau contexte leurs notions de travail en équipe.

Le concept d'équipe évoque en France un ensemble de spécialistes qui ont été regroupés en raison de leurs compétences dans un domaine donné, sous l'autorité sans équivoque d'un dirigeant. Les francophones se sentent déconcertés lorsqu'ils ne peuvent pas identifier une hiérarchie précise. En Grande-Bretagne les membres d'une

expertise they can contribute. They prefer to work within the security of a group striving for a common goal.

These observations apply mainly to the corporate environment. In Anglo-Saxon as well as Gallic cultures there are strong traditions of individualism and entrepreneurship. (If language is anything to go by the French speakers have the edge, else why is there no English equivalent of entrepreneur?) But true individualists in any culture are less likely to be found working for other people.

ROLE OF THE BOSS

A French manager is expected to be a strong authority figure with a high degree of technical competence. In a recent survey of European managers one of the questions was 'is it important for a manager to have at his fingertips precise answers to most of the questions subordinates ask about their work'. Of the Frenchmen, 60% said it was against 20% of the British. At the same time French managers show much more attention to detail than their British counterparts. British who work for French bosses are often surprised at what they consider unwarranted interference in their own areas of competence. This does not indicate unprofessionalism and sloppiness among British managers. They tend to delegate responsibility more than the French and expect their subordinates to answer their own questions.

French managers keep a distance from their subordinates and also from their peers. They are less likely than British counterparts to open their minds, much less their hearts, and to share problems. They are expected to be directive rather than participative, competitive rather than collaborative. The British sometimes misinterpret this as a need for autocratic leadership. In fact, along with logic in the French mentality goes a deep and healthy scepticism. They are happy to be led but only in the right direction and for the right reasons. Respect for authority is based first and foremost on competence and strength of personality is rarely enough on its own. British are some-

équipe sont sélectionnés en vertu de leur capacité à fonctionner en son sein ainsi que pour le niveau d'expertise technique qu'ils peuvent apporter. Ils préfèrent travailler dans la sécurité relative d'un groupe qui cherche à atteindre un but commun.

Ces observations s'appliquent principalement au milieu d'entreprise. Dans les cultures anglo-saxonne et française il existe une forte tradition d'individualisme et d'esprit d'entreprise. (Si la langue peut en quelque sorte servir de critère, les français auraient-ils une longueur d'avance dans ce domaine, l'anglais étant obligé de recourir au mot 'entrepreneur' pour traduire ce concept?). Mais il est peu probable que les individualistes purs et durs travaillent pour le compte d'autres personnes, quel que soit le contexte culturel.

LE RÔLE DU PATRON

Un directeur français est supposé faire figure d'autorité et posséder des connaissances techniques très approfondies. Une enquête menée récemment auprès de cadres européens posait la question suivante: 'est-il important pour un cadre d'avoir immédiatement réponse à la plupart des questions que lui posent ses subordonnés à propos de leur travail?' 50% des français ont répondu que oui, que c'était important, ceci par rapport à 20% des britanniques. Il convient cependant de remarquer que les cadres français prêtent beaucoup plus attention au détail que leurs homologues britanniques. Les britanniques qui travaillent sous la direction d'un français sont souvent surpris par ce qu'ils considèrent comme une interférence injustifiée dans leur domaine de compétence. Ceci n'implique pas que les cadres britanniques manquent de conscience professionnelle ni qu'ils soient négligents. Ils ont davantage tendance à déléguer des responsabilités que les français et attendent de leurs subordonnés qu'ils trouvent la réponse à leurs propres questions.

Les directeurs français maintiennent une certaine distance avec leurs subordonnés et également avec leurs collègues immédiats. Ils sont moins enclins que leurs homologues britanniques à dire le fin fond de leur pensée et encore moins à ouvrir leur coeur et à faire part de leurs problèmes. On attend d'eux qu'ils puissent diriger plutôt que participer, qu'ils soient compétitifs plutôt que prêts à collaborer. Les britanniques interprètent parfois cela à tort comme un besoin de domination autocratique. En fait, la logique de la mentalité française est mitigée d'une bonne dose de scepticisme. Etre dirigés ne les dérange pas à partir du moment où c'est dans la bonne voie et pour

times shocked at how critical and argumentative French subordinates can be towards their managers.

Similarly French people, in common with North Americans,
sometimes misinterpret British concern for teamwork as decision
shirking and the avoidance of individual responsibility. They are
impatient with the need to debate a multiplicity of views and suggestions. A frequent comment made by French about British is that
they talk too much.

It would be very misleading to infer from the attitude to teamwork and authority that the British are more egalitarian than the
French. While people are expected to be co-operative and collaborative and friendly and informal, the complexity and subtlety of British
class-consciousness is mirrored in other aspects of corporate life. The
most important symbol of rank is the company car followed by a host
of minor privileges. By contrast the more hierarchical and directive in
their management style, French tend to be more egalitarian in the
outward signs of power and prestige.

This of course can affect the relationship which PA's and secretaries have with their bosses and within the organisation. It should not
be assumed that the role and status of the secretary is the same in
different countries. Traditionally in Northern Europe the secretary
was regarded as the 'office wife'. The further south one goes the more
the secretary was regarded as the 'office maid'. In the north if a secretary tells the boss what is in the diary for the day it is usually regarded
as efficiency. In the south it can be regarded as impudence. Secretaries
from an Anglo-Saxon background are sometimes surprised to discover that their Francophone bosses are more formal, more distant
and far less inclined to share their minds and their problems than they
are used to. Similarly Francophone secretaries can be disconcerted by
an apparent lack of decisiveness and authority. As in all aspects of
corporate behaviour this is changing rapidly and in both French and
English speaking cultures the secretary is properly regarded as a PA.
However a secretary working for a foreign boss would be well advised
to clarify exactly what the expectations of the job are.

des raisons valables. Le respect de l'autorité est basé principalement sur la compétence et il est rare qu'une forte personnalité suffise pour s'imposer. Les britanniques sont parfois choqués de voir combien certains employés français peuvent avoir l'esprit critique et contestataire vis-à-vis de leurs supérieurs.

De même les français, au même titre que les américains, comprennent parfois mal l'importance qu'accordent les britanniques au travail en équipe en l'assimilant à une tendance à éviter de prendre des décisions et des responsabilités sur le plan individuel. Ils s'impatientent de leur besoin d'examiner nombre de points de vue et de suggestions. L'un des commentaires que font fréquemment les français à propos des britanniques est qu'ils parlent trop.

Il serait erroné de déduire à partir de l'attitude observée au niveau du travail en équipe et de l'autorité que les britanniques professent une attitude plus égalitaire que les français. Bien que d'un côté les gens soient supposés être aimables, détendus et avoir l'esprit de coopération et de collaboration, les classes sociales sont divisées de façon complexe et subtile, ce qui est reflété dans divers aspects de la vie d'entreprise. Le symbole hiérarchique le plus important est celui de la voiture de fonction auquel se joint une multitude de petits privilèges. Par contraste, bien qu'ils aient un style de gestion plus hiérarchisé et plus directif, les français ont tendance à être plus égalitaires au niveau des signes extérieurs de pouvoir et de prestige.

Cette situation n'est pas sans influencer les relations qui s'établissent au sein de l'entreprise entre un assistant ou une secrétaire et leur patron. On ne saurait en effet considérer que le statut et le rôle d'une secrétaire sont les mêmes partout. D'habitude, on a tendance à penser dans les pays d'Europe du nord qu'une secrétaire est en quelque sorte "la femme du bureau" (par rapport à celle du foyer) tandis que plus on se déplace vers le sud plus celle-ci tend à être considérée comme une "employée de bureau" (par rapport à celle de maison). Dans le premier cas, si une secrétaire consulte l'agenda de son patron et lui rappelle ses engagements de la journée, cette attitude sera le plus souvent tenue pour une preuve d'efficacité. Dans le second, ce geste pourrait être assimilé à une inconvenance. Une secrétaire d'origine anglo-saxonne sera peut-être surprise de découvrir que son employeur français se montre plus formel, plus distant et surtout beaucoup moins enclin à lui faire partager ses idées et ses problèmes que ce à quoi elle était habituée auparavant. La réciproque est vraie: une secrétaire française pourra être déconcertée par un manque

EDUCATION

How value systems are created and modified and transmitted is a fascinating and endless subject and far outside the scope of this short introduction. But it is worth taking education as an example of how deep-seated the process is and that the differences in the everyday behaviour of people of different cultures are neither accidental nor superficial.

The importance of education in making a successful career is seen differently in Europe and North America. In a recent survey similar groups of Americans and Europeans were asked what was the most important factor in getting ahead in life. Most of the continental Europeans said education, most of the British and Americans said hard work. In Anglo-Saxon countries there is no presumption of excellence just because someone has been to a university or business school or is a chartered accountant. You are judged primarily on performance. In France there is an automatic assumption that graduates of the 'grandes écoles' – the Polytechnique, the HEC, the ENA – are superior performers. This is reflected in pay differentials for such people throughout their careers, while in Britain premiums for professional qualification wither away after a few years. Senior levels in major companies are dominated by middle class people from the grandes ecoles whereas in Britain educational background is more varied and it is much easier to climb from the ranks into senior management.

The education systems themselves are very different in Anglo-Saxon and Gallic countries. The external differences are obvious. For

apparent d'esprit de décision et d'autorité chez son employeur anglais. Cependant, comme tous les aspects de la vie d'entreprise, de telles différences sont en train de s'estomper rapidement et, dans les deux milieux culturels français et anglais, les secrétaires tendent de plus en plus à être considérées comme des assistantes personnelles. Si une secrétaire doit travailler pour un employeur étranger, il est malgré tout sage pour elle de définir clairement dès le début ce qu'on attend de son travail.

L'EDUCATION

La façon dont les systèmes de valeurs sont créés, modifiés et transmis constitue en soi un sujet d'étude fascinant et continuel mais cela s'inscrit au-delà des limites de cette brève introduction. Il est cependant intéressant de se pencher sur l'éducation en tant qu'exemple du degré de profondeur de ce processus et pour montrer que les différences qui se manifestent dans le comportement quotidien de personnes issues de cultures différentes ne sont ni fortuites ni superficielles.

Le rôle de l'éducation dans la réussite d'une carrière ne revêt pas la même importance en Europe et an Amérique du Nord. Une enquête a été récemment effectuée auprès de groupes similaires d'américains et d'européens auxquels on a demandé quel était le facteur le plus important pour réussir dans la vie. La majorité des européens ont mentionné l'éducation tandis que pour la plupart des britanniques et des américains on 'arrive' en travaillant dur. Dans les pays anglo-saxons, ce n'est pas parce qu'une personne est passée par l'université ou par une école de commerce ou qu'elle a décroché un diplôme d'expert-comptable que son niveau sera automatiquement présumé bon. On est jugé avant tout sur la pratique. On assume automatiquement en France que les diplômés des grandes écoles telles que Polytechnique, HEC, l'ENA sont très performants. Cette différence est reflétée au niveau des salaires que perçoivent ces personnes, tandis qu'en Grande-Bretagne les primes dues aux qualifications professionnelles s'estompent au bout de quelques années. En France, les cadres supérieurs des grandes entreprises proviennent souvent des classes moyennes et sont fréquemment issus des grandes écoles tandis qu'en Grande-Bretagne, ils ont souvent suivi différentes voies et il est plus facile de monter dans l'échelle hiérarchique et d'atteindre ainsi les échelons supérieurs.

Les systèmes d'éducation diffèrent également beaucoup dans les pays anglo-saxon et français. Certaines différences sont visibles de

example there is considerable conformity and centralisation in the French educational system. While the British are struggling to create a national curriculum under state control the French have had one for generations. There is a greater diversity of schools in Britain and a different attitude towards the private and boarding schools. As a rule in Britain it is the privileged who are sent to boarding school or pay fees while in France it is different.

But it is what goes on within the schools that has the greatest effect on the sort of issues we deal with in this book. French speaking children are trained to think deductively, the Anglo-Saxons are trained to think inductively. This affects the way people solve problems, make proposals, create organisations, plan their business, conduct negotiations and participate in meetings.

We can date the split at least as far back as the turn of the seventeenth century to two philosopher-scientists, the near contemporaries Francis Bacon and René Descartes. Bacon argued for what became known as 'the scientific method' in which observation and experiment were the basis for theorising. Descartes took the opposite course, basing his method on the only fact he could rely on, 'I think therefore I am.' A deductive thinker like Descartes starts with a general principle or an idea or a theory and makes deductions from this about the real world. An inductive thinker like Bacon starts by observing the evidence of the real world and then tries to formulate a hypothesis which will explain the facts. This is a gross generalisation because in the real world the deductive thinker has to start on the basis of some kind of evidence and the inductive thinker cannot marshall and classify the evidence without some sort of preliminary hypothesis. But the mental disciplines and approach to problem-solving are radically different.

If you think Bacon and Descartes belong in the schoolroom and not the boardroom, listen to the way people argue at the next Anglo-French meeting you go to or consider the way the next report you receive from across the channel is structured. The natural way for the French to argue is to make clear from the beginning the underlying

l'extérieur. Par exemple, il se dégage du système éducatif français une conformité et une centralisation considérables. Tandis que les britanniques essaient à grand peine d'établir un programme national d'enseignement scolaire qui soit contrôlé par le gouvernement, cela fait des générations que les français en ont un. Il existe en Grande-Bretagne un large éventail de types d'écoles et une attitude différente envers les écoles privées et les pensionnats. En règle générale, en Grande-Bretagne ce sont les classes privilégiées qui paient de larges sommes pour envoyer leurs enfants en pension, alors qu'en France ce n'est pas la même chose

C'est cependant ce qui se passe à l'intérieur des écoles qui exerce le plus d'influence sur le genre de questions dont traite cet ouvrage. Les petits francophones apprennent à penser par déduction tandis que les anglo-saxons sont encouragés à raisonner par induction. Ceci a des répercussions sur la façon dont les gens résolvent les problèmes, font des propositions, mettent sur pied des organismes, planifient leurs affaires, dirigent des négociations et participent à des réunions.

Nous pouvons faire remonter cette divergence au début du dix-septième siècle, époque où ont vécu deux philosophes et savants. Francis Bacon et son contemporain de peu René Descartes. Bacon développa ce qui a reçu l'appellation de 'méthode scientifique' d'après laquelle l'observation et l'expérience sont à la base de la théorie. Descartes prit la voie opposée en fondant sa méthode sur le seul fait dont il pouvait être certain, 'je pense donc je suis'. Un penseur déductif tel que Descartes part d'une idée, d'une théorie ou d'un principe général et en tire des conclusions sur la réalité. Un penseur inductif comme Bacon commence par observer des manifestations de la vie réelle puis essaie de formuler une hypothèse qui puisse expliquer ces faits. Cette généralisation n'est que très schématique puisque dans la réalité celui qui pense par déduction doit se baser sur certaines preuves matérielles tandis que celui qui réfléchit par induction ne peut ni rassembler ni classifier des faits sans avoir auparavant à l'esprit une hypothèse quelconque. Il est cependant vrai que la discipline mentale et la façon d'aborder un problème sont radicalement différentes dans les deux pays.

Si vous pensez que Bacon et Descartes ont leur place dans la salle de classe mais pas dans la salle du conseil, écoutez donc la façon dont les gens présentent leurs arguments lors de votre prochaine réunion franco-britannique ou examinez la manière dont est structuré le prochain rapport que vous recevrez de l'autre côté de la Manche. Il est

principle or structure and then get to the relevant facts while for the Anglo-Saxons it is the other way round. They take pride in pragmatism and accuse the French of over-theorising, while the French take pride in logic and accuse the Anglo-Saxons of getting lost in detail. French arguments for the Channel Tunnel were based on the integration of a pan-European rail network and a long range transport policy, British arguments on the freight bottleneck at Dover.

So if you are French and want to persuade the British, at a presentation for example, start with the facts. If you want to attack their arguments do it on the basis of the evidence for they will get impatient if you use theory. If you are British dealing with French, start with an overall schema or design and if you want to attack their argument go for the insufficiency of the theory before pulling the evidence to pieces. This applies whether you are planning a multi-million plant or organising the tea breaks. This does not mean that the British are intellectually inferior or the French have their head in the clouds. One thing we have in common on both sides of the channel is a very practical, down to earth approach. The difference is in methodology.

It is a problem one has to face in a bilingual introduction. French readers will be looking for logical consistency and an underlying concept while English readers will be looking for practical examples. This book, a collaboration between a British and a French author, is a very satisfying blend of theory and pragmatism – although it would have been fascinating to be a fly on the wall while they agreed what to write.

CONCLUSION

Do you have to be an expert in comparative culture to sit on an Anglo-French committee or work for a foreign boss? Cultural difference is only a problem when it is a problem – if you get on perfectly well with each other then the differences can be safely ignored. There

naturel pour les français d'argumenter en clarifiant dès le départ la ligne conductrice ou la structure puis d'aborder les fait tandis que les anglo-saxons favorisent la méthode inverse. Ils sont fiers de leur pragmatisme et accusent les français de se complaire dans la théorie, tandis que les français se targuent de logique et reprochent aux anglo-saxons de se perdre dans les détails. Les arguments des français en faveur du tunnel sous la Manche étaient fondés sur l'intégration d'un système ferroviaire paneuropéen et d'une politique des transports à grand échelle tandis que les arguments des britanniques reposaient sur l'encombrement des marchandises à Douvres.

Par conséquent si vous êtes français et que vous cherchez à convaincre des britanniques, lors d'une présentation par exemple, commencez par exposer les faits. Si vous voulez contrecarrer leurs arguments, usez donc de preuves car ils s'impatienteront si vous vous appuyez sur la théorie. Par contre, si vous êtes britannique et que vous traitez avec des français, amorcez la discussion en présentant un principe directeur ou les grandes lignes de votre pensée puis, si vous désirez vous opposer à leurs arguments, montrez la faille de la théorie avant de saper les preuves proposées. Ce principe est valide que vous planifiez une usine de plusiers millions de dollars ou que vous essayiez d'organiser des pauses-café. Cela ne signifie pas que les britanniques aient un niveau intellectuel inférieur ni que les français n'aient pas les pieds sur terre. L'une des choses que nous ayons en commun de part et d'autre de la Manche est une façon d'aborder les problèmes qui est très pragmatique et terre à terre. C'est au niveau de la méthodologie que se manifestent des différences.

On se trouve précisément confronté à ce problème dans une introduction bilingue. Les lecteurs français essaieront de repérer une consistance logique et une ligne directrice tandis que les lecteurs anglais seront à la recherche d'exemples concrets. Cet ouvrage, qui est le fruit d'une collaboration entre un auteur britannique et un auteur français marie harmonieusement la théorie et la pratique (ceci dit, il aurait été intéressant d'être à l'écoute lorsqu'elles essayaient de se mettre d'accord sur le contenu de l'ouvrage).

CONCLUSION

Faut-il être un expert en cultures comparées pour faire partie d'un comité franco-anglais ou pour travailler sous les ordres d'un employeur étranger? Les différences culturelles ne constituent un problème qu'à partir du moment où elles deviennent un problème: si

are plenty of cross-border relationships that work well because both sides choose to ignore their different ways of working in the interests of getting the job done and making a profit.

If things do start going off the rails it is rarely because the participants are uncooperative or stupid or bear ill-will. It is because they have been brought up to believe that there is a better way of to do things. There is a natural presumption that when foreigners do things differently it is an aberration from the right way of doing things, which is our way. This is not arrogance but common sense – after all, if we suspected that our way was not the best we would not be doing it. The key to successful business across borders is to understand that their different ways of achieving your common objectives are as right for them as yours are for you.

John Mole

vous vous entendez parfaitement avec votre partenaire commercial, alors ces différences peuvent être ignorées sans risque. Nombreuses sont les collaborations inter-frontières que se déroulent sans encombre parce que d'un côté comme de l'autre on considère que les différentes méthodes de travail importent peu quand il s'agit d'effectuer un travail et de réaliser un bénéfice.

Si un projet s'enlise, il est rare que cela trahisse de la part des participants un manque de coopération, d'intelligence ou de la mauvaise volonté. Cela est fréquemment dû au fait que d'un côté comme de l'autre les gens ont été habitués à penser que les choses doivent être faites d'une certaine façon. Il y a une tendance naturelle à présumer que lorsque des étrangers travaillent de manière différente, ils enfreignent la pratique établie, c'est à dire la nôtre. Il ne s'agit pas là d'arrogance mais de bon sens: après tout si nous n'étions pas convaincus du bien fondé de nos pratiques, nous nous y prendrions autrement. Le moyen le plus sûr de réussir en affaires lorsque l'on passe d'un pays à l'autre est de comprendre que quand il s'agit d'atteindre des objectifs communs, la façon de faire des autres est aussi juste pour eux que la nôtre l'est à nos yeux.

Translated into French by Christine Penman, Stirling University

Chapter 1
Presenting yourself

The way you present yourself is very important in both professional and social life. Outside the office the impression you give will affect only you, but, in the office, both the company and the department you work for stand to lose or gain. This is why it is worth giving it careful consideration. Whatever your likes or dislikes, your age or your personality, you must correspond to the selection criteria of the post you hold or hope to obtain. A well-groomed, calm, poised person inspires confidence and corresponds to most employers' idea of a reliable, if not competent, employee. This remark may seem exaggerated or superfluous; however, "image" plays a more and more important role nowadays. Monitor your attitude and body language to ensure that the other person wants to listen to you.

As you begin to speak, be sure to articulate clearly and distinctly. Look natural and confident, but not overconfident. Try to control your breathing. This in turn helps to counteract nerves. If the occasion is a particularly important one, prepare carefully what you are going to say. Try to think about answers to all the questions you could be asked. Although it is difficult to predict everything, good preparation will give you self-confidence, which is the first step on the way to success. It is necessary to be convinced if you want to be convincing.

Chapitre 1
Se présenter

La présentation joue un rôle très important dans la vie, qu'elle soit personnelle ou professionnelle. Dans la vie courante, elle n'engage que vous, mais dans la vie professionnelle, il ne s'agit plus uniquement de vous mais également de la maison ou du service que vous représentez. Votre attitude peut être lourde de conséquences. C'est pourquoi il faut attacher un soin particulier à votre présentation. Quels que soient vos goûts, votre âge ou votre personnalité, vous devez répondre à certains critères propres à l'emploi que vous occupez ou que vous désirez occuper. Une personne soignée, calme et posée inspirera confiance et présentera pour beaucoup une garantie de fiabilité, si ce n'est de compétence. Ces remarques peuvent passer pour exagérées ou superflues, malheureusement "l'image" joue de nos jours un rôle de plus en plus important. Veillez donc à ce que votre attitude et vos gestes donnent à votre interlocuteur l'envie de vous écouter.

Lorsque vous prenez la parole, vous devez, avant toute chose, parler clairement et distinctement. Donnez une impression de naturel et d'aisance sans toutefois montrer une trop grande assurance. Essayez de contrôler votre respiration. Cela vous aidera à combattre la nervosité. S'il s'agit de circonstances particulièrement importantes, préparez soigneusement ce que vous allez dire. Essayez d'anticiper et de prévoir toutes les questions que l'on pourrait vous poser. Même s'il est difficile de tout imaginer, une bonne préparation vous donnera confiance en vous et c'est déjà la première étape sur la voie du succès. En effet, pour être convaincante il faut d'abord être soi-même convaincue.

Bearing this advice in mind, let us look at situations in which you will have to present yourself.

In everyday office life, introducing yourself simply involves giving your name and the reasons for your visit. Presenting yourself at a job interview is far more complex. Most of this chapter will therefore be devoted to this particular situation.

A) IN EVERYDAY OFFICE SITUATIONS

- *Anne Dulac.*
- *Pierre Dupond.*
- *My name is Peters.*
- *I'm Isabelle Laurent.*
- *I work in the Sales Department | Financial Department with Mrs. Lopez.*
- *I deal with pay.*
- *I'm Mr. Smith's secretary.*
- *I'm Mrs. Jones' assistant.*

Give the reasons for your visit:
- *Mr. Clark sent met to … | asked me to … | would like to have the latest figures on … | would like to know if it's possible to circulate the annexes before the meeting.*
- *I've come to pick up the minutes of the meeting | the enrolment forms.*
- *I have brought the text for the conference.*

B) AT THE JOB INTERVIEW

Presenting yourself at a job interview is a task which requires careful handling. The growing number of job seekers make it a far more difficult exercise than it was previously. You not only have to show you are confident, adapted to work and society, but also that you are the "best candidate" even in the face of fierce competition from other well-prepared applicants. If you do not have the skills required, you will have to show that you will be able to pick them up quickly. It is especially important to be quick off the mark here.

Après ces quelques conseils, passons aux circonstances où vous aurez à vous présenter.

Dans la vie courante, se présenter consiste essentiellement à décliner son identité et à indiquer les raisons de sa visite. Cela devient beaucoup plus complexe s'il s'agit de se présenter en vue de trouver un emploi, et c'est pourquoi nous allons y consacrer la plus grande partie de ce chapitre.

A) DANS LA VIE COURANTE

- *Anne Dulac.*
- *Pierre Dupond.*
- *Mon nom est Peters.*
- *Je suis Isabelle Laurent.*
- *Je travaille au service commercial | financier avec Madame Lopez.*
- *Je m'occupe des traitements et des salaires.*
- *Je suis la secrétaire de Monsieur Smith l'assistante de Madame Jones.*

Annoncez l'objet de votre visite :
- *Monsieur Clark m'envoie pour ... | m'a chargé(e) de ... | souhaiterait avoir les derniers chiffres sur ... | aimerait savoir s'il est possible de distribuer les documents annexes avant la réunion.*
- *Je viens chercher le compte rendu de la réunion | les formulaires d'inscription.*
- *J'apporte le texte de la conférence.*

B) LORSQUE VOUS CHERCHEZ UN EMPLOI

Se présenter pour un emploi est quelque chose de très délicat. Le nombre croissant des demandeurs d'emploi rend cet exercice beaucoup plus difficile qu'autrefois. Il ne s'agit plus seulement de montrer qu'on est compétent, adapté au travail et à la société, il faut montrer qu'on est "le meilleur candidat" et ceci parfois face à un grand nombre de candidats également bien préparés. Si vous n'avez pas toutes les compétences requises, il faudra montrer que vous pourrez les acquérir très rapidement. Là, plus qu'ailleurs, vous devez réagir vite. Les entretiens sont faits pour mieux connaître les candidats,

Interviews are held to get to know the applicant, to analyse his or her personality and to assess whether the person will adapt easily to the company. Probably you will be asked first about your professional background and experience, and then about your motivation, likes and dislikes and interests.

Here are some expressions to help you:

On your arrival:
- *Anne Delalande.*
- *My name is Durand | Pierre Dupond. I have an appointment with Mr. Smith.*
- *I saw your advertisement in Le Monde about the accountant's post | assistant's post | research assistant's | filing clerk's | archivist's post | secretarial post.*
- *I rang yesterday and was asked to come at nine o'clock.*
- *I was asked to come here between eight and nine o'clock.*

During the interview:
The first impression you give is important but the interviewer's decision is by no means taken. He will try to get to know you better and, in order to do so, may well have no hesitation in adopting a tough attitude to see how you react or, on the contrary, be at pains to be pleasant to encourage you to drop your reserve.

1) Professional background

- *As I indicated in my c.v.* (curriculum vitae), *I've got GCSE's[1] O[2] and A[3] levels | accounting qualifications | a diploma in managment | a secretarial diploma, etc.*
- *I passed | took my examination in Aix, in 1972.*
- *I studied | I did part of my studies in London | abroad.*

- *I studied Law and English concurrently.*
- *I went to evening classes | I took a correspondence course.*
- *I had to carry on with my studies while I was working.*

You may have some knowledge in areas without having paper qualifications; be sure to show this to advantage:
- *I speak French | Spanish | German fluently.*

---

1. G.C.S.E. = General Certificate of Secondary Education
2. O Level = Ordinary Level General Certificate of Education
3. A Level = Advanced Level General Certificate of Education

analyser leur personnalité et voir s'ils s'intégreront facilement dans la firme ou l'entreprise. On commencera certainement par vérifier vos connaissances professionelles et votre expérience avant de vous poser des questions sur vos motivations, vos goûts et vos centres d'intérêt.

Voice quelques phrases qui vous aideront :

A votre arrivée :
• *Anne Delalande.*
• *Mon nom est Durand. Je m'appelle Pierre Dupond. J'ai rendez-vous avec M. Smith.*
• *J'ai lu votre annonce dans Le Monde et je viens pour le poste de comptable | d'assistante | de documentaliste | de secrétaire.*

• *J'ai téléphoné hier et on m'a demandé de venir à 9h | on m'a dit de me présenter ici entre 8 h et 9 h.*

Pendant l'entretien.
Le premier contact est important mais il ne présage en rien de la décision de celui qui recrute. Il cherchera à mieux vous connaître et pour cela, il n'hésitera pas à adopter une attitude dure pour voir comment vous réagissez ou, au contraire, à se montrer très aimable pour vous faire abandonner votre réserve.

1) Votre formation

• *Comme je l'ai indiqué dans mon C.V. (curriculum vitae) j'ai un C.A.P.[1] | un B.E.P.[2] | un B.T.S.[3] | un diplôme de comptabilité, de gestion, de secrétaire de direction etc.*
• *J'ai obtenu | passé mon diplôme à Aix, en 1972.*
• *J'ai fait mes études | une partie de mes études à Londres | à l'étranger.*
• *J'ai fait | mené parallèlement des études de droit et d'anglais.*
• *J'ai suivi des cours du soir | des cours par correspondance.*
• *J'ai dû continuer mes études tout en travaillant.*

Vous avez peut-être des connaissances dans certains domaines mais pas de diplômes, sachez les mettre en valeur :
• *Je parle anglais | espagnol | allemand couramment.*

1. C.A.P. = certificat d'aptitude professionnelle
2. B.E.P. = brevet d'étude professionnelle
3. B.T.S. = brevet de technicien supérieur

- *I have a working knowledge of Italian.*
- *I have a little Portuguese.*
- *I spoke Dutch fluently five years ago. With a little practice, it should come back to me quickly.*

If you did not study after leaving school, put it positively :
- *Unfortunately, I wasn't able to continue my studies.*
- *Unfortunately, I didn't have the good fortune | the opportunity to study, but I learnt to type | to take shorthand | filing | to keep the records.*

Emphasise your experience:
- *Having spent five years in sales, I know the Service Department pretty well.*
- *I have a lot of experience in the publishing field.*
- *I'm used to working with a computer | in a team.*

Your abilitites :
- *I adapt easily.*
- *My employers have always been satisfied with my work.*
- *I don't believe I've given my employers cause for complaint.*
- *My previous employers appreciated my punctuality | the way I organised my work | my discretion.*

The qualities you will display if you are recruited :
- *I'm willing to work in a team | to learn another language | to travel | to do overtime.*

2) Your professional experience :

Once again, the way you present your professional experience can increase its value :
- *After my O Levels, I worked in an Estate agent's and then for an architect.*
- *After my A Levels, I worked as a secretary | as a clerk | as a part-time | full-time | half-time temp.*

- *J'ai de bonnes notions d'italien.*
- *Je peux me débrouiller en portugais.* (informel)
- *Je parlais couramment néerlandais il y a cinq ans, avec un peu de pratique, cela reviendra très vite.*

si vous n'avez pas fait d'études dites-le de façon positive :
- *Malheureusement, je n'ai pas pu faire d'études.*
- *Malheureusement, je n'ai pas eu la chance | la possibilité de faire des études mais j'ai appris à taper à la machine | prendre en sténo | m'occuper du classement des archives...*

Mettez en avant votre expérience :
- *Après cinq ans passés dans la vente, je connais bien le service clientèle.*
- *J'ai acquis une grande expérience dans le domaine de l'édition*
- *J'ai l'habitude de travailler sur ordinateur | en équipe.*

Les compétences que vous avez :
- *Je m'adapte facilement.*
- *J'ai toujours donné satisfaction.*
- *Mes employeurs n'ont jamais eu à se plaindre de moi.*
- *Mes précédents employeurs appréciaient ma ponctualité | l'organisation de mon travail | ma discrétion.*

Les qualités que vous démontrerez si vous êtes recruté(e) :
- *Je suis prête à travailler en équipe | à apprendre une autre langue | à me déplacer | à faire des heures supplémentaires.*

2) Votre expérience professionnelle

Là aussi, la façon de présenter les choses peut donner à votre expérience professionnelle plus de valeur.
- *Après mon brevet, j'ai d'abord travaillé dans une agence immobilière puis dans un bureau d'architecte.*
- *Après mon bac* (baccalauréat) *j'ai travaillé comme secrétaire | employé(e) de bureau | comme intérimaire à temps partiel, à temps plein, à mi-temps.*

- *After five years in the Sick-Leave Department, I moved to | I wanted to try a new field | I wanted to improve my knowledge of computing | management, etc | I was a trainee for six months | a year at Mercedes | in the Department of Trade and Industry | in the textile industry.*

3) Your tasks

- *I can take shorthand.*
- *I type.*
- *I can use a database.*
- *I have computing skills | know the DOS systems, etc.*
- *My spelling is good. I have typed several papers | reports | studies.*
- *When I was working for Total,*
  – I dealt with the filing | pay.
  – I had to sort | file the mail | draft minutes | answer the telephone | receive visitors | organise meetings | check the accounts | draft studies | do the statistics, etc.
  *– sometimes I had to | I have to . . . (*if you are still working*)*
  – my job entailed liaising between different departments.
  – my job entailed mainly | in the main | most often . . .
  – I was responsible for financial | commercial | personnel problems, etc.
  – I attended co-ordination meetings.
  – I had to take notes | draft reports.

If you are applying for a secretarial post, give your typing speed. If you have not had any practice for a long time, say:

- *With a little practice, I think I'll soon be up to x words per minute.*

• *Après cinq ans passés dans le service des congés-maladie, j'ai déménagé et je me suis installée à ... | j'ai voulu | je voulais changer de domaine | je voulais élargir | approfondir mes connaissances dans le domaine de l'informatique | de la gestion etc ...*
• *J'ai fait un stage de six mois | d'un an chez Mercedes | au ministère de l'Economie | dans une entreprise de textile.*

3) Vos tâches

• *Je peux prendre en sténo | Je connais la sténo.*
• *Je tape à la machine.*
• *Je sais utiliser une base de données.*
• *Je connais l'informatique | les systèmes DOS etc ...*
• *J'ai une bonne orthographe. J'ai tapé plusieurs mémoires | rapports | études ...*
• *Quand je travaillais chez Total:*
  – je m'occupais du classement | des traitements et des salaires.
  – je devais trier | classer le courrier | établir des comptes rendus | répondre au téléphone | recevoir les clients | organiser des réunions | vérifier les comptes | rédiger des études | établir des statistiques etc
  – il m'arrivait de ... il m'arrive de ... (si vous travaillez toujours) | je devais parfois ...
  – mon travail consistait à assurer la coordination des différents services.
  – mon travail consistait essentiellement à ... | en grande partie à ... | le plus souvent à ...
  – j'étais chargé des problèmes financiers | commerciaux | du personnel etc ...
  – j'assistais aux réunions de coordination
  – je devais prendre des notes | rédiger des rapports

Si vous postulez un emploi de secrétaire, annoncez votre vitesse de frappe. Dans le cas où vous n'avez pas pratiqué depuis longtemps ajoutez:
• *Avec un peu d'entraînement | de pratique, je pense que je peux arriver très rapidement à taper x mots minute.*

4) You

The interview, as was pointed out previously, must allow the interviewer to discover other aspects of your personality. You must come across as the right person for the job. To fill an accountant's post, the interviewer will be looking for a tidy, methodical, reliable, patient person; to fill a secretarial post, an organised, punctual, tidy, discrete person; for a post in the front line, dealing with clients, a polite, patient, well-groomed person. You must show that you have the qualities required by what you say. You should, in any case, avoid saying anything which could be held against you.

a) marital status
- *I'm single.*
- *I'm married.*
- *I'm divorced.*
- *I have no children.*
- *I have two children, aged five and nine | and they are five and nine | one is five years old and the other is nine.*

Generally speaking, employers are not happy to learn about children. If this is the case, do not hesitate to reassure them about your child care arrangements:
- *Fortunately, my parents | my parents-in-law are at home | are retired | have stopped working, so they can help me, if there are problems or if the children are ill.*

b) Your personal qualities
The qualities most sought after in an interview are reflected here:
- *I can take initiatives, if need be.*
- *I'm punctual | a good time-keeper | always on time.*
- *I like to do things properly.*
- *I'm a perfectionist.*
- *For me it's important to do my job well.*
- *I'm trustworthy.*
- *If I take something on, I like to see it through.*
- *I know my limitations.*
- *I'm capable of making a special effort when it's necessary | if need be.*

4) Vous

L'entretien, comme nous le disions plus haut, doit permettre à votre interlocuteur de découvrir d'autres aspects de votre personnalité. Vous devez vous imposer comme une personne adaptée à l'emploi. Pour un comptable, on recherchera l'ordre, la méthode, le sérieux, la patience ; pour une secrétaire, l'organisation, la ponctualité, l'ordre, la discrétion ; pour un(e) employé(e) chargé(e) des rapports avec la clientèle, la correction, la patience, le soin de sa personne, l'amabilité etc... Toutes ces qualités doivent transparaître dans ce que vous direz. Tout au moins, évitez que vos propos ne vous portent préjudice.

a) votre situation de famille
- *Je suis célibataire.*
- *Je suis marié(e).*
- *Je suis divorcé(e).*
- *Je n'ai pas d'enfants.*
- *J'ai deux enfants de 5 et 9 ans | âgés de 5 et 9 ans | ils ont 5 et 9 ans.*

Les enfants sont en général un facteur de soucis pour un employeur, si c'est le cas, n'hésitez pas à le rassurer ;

- *Heureusement mes parents | mes beaux-parents sont à la maison | à la retraite | ne travaillent plus, ils peuvent m'aider en cas de problèmes ou en cas de maladie.*

b) Vos qualités personnelles
Les qualités les plus appréciées au cours de la conversation :
- *Je sais faire preuve d'initiative.*
- *Je suis ponctuel | exact | toujours à l'heure.*
- *J'aime le travail bien fait.*
- *Je suis perfectionniste.*
- *J'ai à cœur de bien faire mon travail.*
- *On peut me faire confiance.*
- *Je ne m'engage pas à la légère.*
- *Je connais mes limites.*
- *Je suis capable de fournir un gros effort si c'est nécessaire | en cas de besoin.*

Show that you take an interest in things.
- *I'm interested in painting / music[1].*
- *I play the ... / I practice a sport (*team sports are always appreciated because they indicate solidarity and team spirit*).*

- *I'm prepared to travel / to work outside London[2].*

Some diplomas which are not strictly related to the job can be an advantage. Do not hesitate to mention them :
- *I have a First Aid diploma* (always useful).
- *I'm a qualified sailing instructor* (sense of initiative and responsibility, self-control).

c) Your references
Some employers like to hear what others have to say about you :

- *If you need further information / supplementary information about me, you can get in touch with Mr. Dumont.*
- *Mr. Thomson is willing to give you a reference.*
- *Mr. Thomson kindly gave me a testimonial.*
- *Here is a testimonial from my previous employer.*
- *Here is a testimonial which Mr. Legrand was kind enough to write about me.*

d) Your availability
- *I can start straightaway / immediately.*
- *I can be free at very short notice.*
- *I won't be free until 1 June (*say: the first of June*).*
- *I'm not working at the moment.*
- *I'm out of work at present.*
- *I'm unemployed, my company had to cut down on staff.*

You may be well-advised to explain why you changed your job :
- *The company I was working for is closing down / has gone bankrupt / has filed a bankruptcy statement / is going to be taken over by ... / laid off a quarter of its staff.*
- *I wanted to move closer to Paris / London / to my parents / to my family.*

1. Only give accurate information. It is easy to check what you know.
2. Be cautious if you are unwilling to move.

Montrez un esprit ouvert :
- *Je m'intéresse à la peinture | à la musique[1].*
- *Je joue au… | je pratique un sport.* **(les sports d'équipe sont toujours très appréciés parce qu'ils prouvent un esprit de solidarité et d'entraide)**
- *Je suis prêt à voyager | aller en province[2].*

Certains diplômes qui n'ont aucun lien apparent avec votre profession peuvent être un atout. N'hésitez pas à les mentionner :
- *J'ai un diplôme de secouriste* **(toujours utile)** *| de moniteur(trice) de voile* **(sens de l'initiative, des responsabilités, contrôle de soi)** *etc…*

c) vos références

Certains employeurs aiment pouvoir se renseigner auprès d'autres personnes :
- *Si vous voulez plus d'informations | des renseignements complémentaires à mon sujet, vous pouvez contacter M. Dumont*
- *Monsieur Thomson est prêt à vous donner des références.*
- *Monsieur Thomson a bien voulu me donner un certificat.*
- *Voici une lettre de mon dernier employeur me concernant.*
- *Voici une lettre que M. Legrand a bien voulu écrire à mon sujet.*

d) Vos disponibilités

- *Je peux commencer tout de suite | immédiatement.*
- *Je peux me libérer très rapidement.*
- *Je ne suis pas libre avant le 1er juin.*
- *Je ne travaille pas pour le moment.*
- *Je suis actuellement sans emploi.*
- *Je suis au chômage, mon entreprise a dû comprimer ses effectifs | son personnel.*

Il est parfois bon d'expliquer pourquoi vous changez d'emploi :
- *L'entreprise dans laquelle je travaillais va fermer | est en faillite | a déposé son bilan | va être rachetée par… | a licencié le quart de son personnel.*
- *Je voulais me rapprocher de Paris | de Londres | de mes parents | de ma famille.*

---

1. N'indiquez que ce qui est exact. Pour vos connaissances, c'est très facile à vérifier.
2. Quant à votre lieu de travail, restez prudent si vous ne voulez pas vous éloigner.

- *I was spending too much time commuting | getting to and from work.*
- *The atmosphere wasn't very good* (beware of mentioning bad relations as employers always prefer to take on sociable people).

5) Salary

It is never easy to talk about the salary. Most often the employer will announce the salary he intends to give you. He may also ask how much you are earning at present:
- *My gross | net salary is . . . per annum with an end-of-year bonus | with a thirteenth month | with a commission on sales | with a profit-sharing scheme.*

In addition, there may be some advantages:
- *trips paid for by the company | a crèche | a nursery | a children's holiday camp | free professional training | health scheme, etc.*

Remain open to discussion:
- *It's a little less than I get at present | at the moment | than I was hoping for | than I was expecting, but if there are career prospects | if it's a starting salary, | if I have promotion possibilities, I'm prepared to accept.*
- *I must admit I'm a litte disappointed. I was hoping for more.*

6) Responding

- *I'm very interested.*
- *That suits me.*
- *I accept.*
- *I think we agree.*
- *Fine. I'll start next week.*

If you have not made up your mind:
- *I must think about it.*
- *Could I let you know tomorrow? I need some time to think about it.*

- *Je perdais trop de temps dans les transports.*
- *Je voulais changer de domaine.*
- *L'atmosphère n'était pas très bonne.* (Evitez de parler de mésentente. Un employeur préfère toujours engager quelqu'un de sociable.)

5) Le salaire

Le salaire est toujours un point délicat. Le plus souvent, c'est l'employeur qui annonce le salaire qu'il compte vous offrir. Il peut également vous demander le montant de votre salaire actuel :
- *Mon salaire brut | net est de ... par an, avec une prime en fin d'année | plus un treizième mois | avec un pourcentage sur les ventes | avec un intéressement aux bénéfices | avec des primes en fin d'année.*

Il peut y avoir également certains avantages :
- *voyages financés par la société | crèches | garderies | centres de vacances pour les enfants | formation professionnelle gratuite | assistance médicale etc...*

Sachez faire preuve de souplesse :
- *C'est un peu moins que ce que j'ai en ce moment | actuellement, | que ce que j'espérais | que ce à quoi je m'attendais, mais s'il y a des perspectives de carrière | si c'est un salaire de départ | si j'ai des possibilités de promotions, je suis prêt(e) à accepter.*
- *Je dois avouer | reconnaître que je suis un peu déçue, j'espérais un peu plus.*

6) vos réactions

- *Cela m'intéresse beaucoup.*
- *Cela me convient.*
- *J'accepte.*
- *Je crois que nous sommes d'accord.*
- *C'est entendu, je commence la semaine prochaine.*

Si votre décision n'est pas prise :
- *Je dois réfléchir.*
- *Pouvez-vous me laisser 24 h pour réfléchir ? | de réflexion ?. Je vous donnerai ma réponse demain.*

It is best to negotiate certain conditions at the outset :
- *I'm prepared to accept this post | to work in the Pensions Department, if I can have the assurance that I'll be posted to the archives later.*

- *I can work with Mrs. Mounos for the time being to help you out, but I'd like to get back to my own service as soon as possible.*

- *I accept but I'd like to have a job in due course which reflects my qualifications | which will allow me to use my legal knowledge | where I meet more people, etc.*
- *If we can find an arrangement for Wednesday afternoon | Friday evening | August, I fully agree (*some conditions may be justified by distance, absence of transport facilities or special situations*).*

7) At the end of the interview

- *Thank you very much.*
- *I look forward to hearing from you | I look forward to a positive reply.*
- *I hope I get the job.*

Sachez négocier certaines conditions dès le départ :

• *Je suis prêt à accepter ce poste / à travailler au service des retraites, si je peux avoir l'assurance d'être affecté par la suite aux archives.*

• *Pour vous aider, je peux travailler avec Madame Mounos pendant quelque temps, mais j'aimerais regagner mon service le plus tôt possible.*

• *J'accepte mais j'aimerais avoir par la suite un poste qui corresponde[1] mieux à mes qualifications / qui me permette[1] d'utiliser mes connaissances juridiques / où j'aurai plus de contacts etc . . .*

• *Si on peut trouver un arrangement pour le mercredi après-midi / le vendredi soir / le lundi matin / le mois d'aôut, je suis tout à fait d'accord.* (certaines exigences peuvent être justifiées par l'éloignement, le manque de communications ou certaines situations particulières)

7) Après l'entretien

• *Je vous remercie.*

• *J'espère que vous me contacterez / que votre réponse sera positive.*

• *J'espère que ma candidature sera retenue.*

---

1. on emploie le subjonctif dans une relative pour exprimer un souhait
(In French you must use the "subjunctif" tense to express a wish.)

Chapter 2

Taking care of visitors

When you receive visitors, you play an essential *public relations* role for the company. As we shall see later, in the chapter on answering the telephone, you represent the company. This is particularly true when someone comes for the first time. Even if you have a heavy work load, try to look pleasant, calm and efficient.

Without appearing indiscreet, you will have to find out the person's name, job, company or institution and the reason for his visit. You will then have to decide whether to take him in to see the boss or not. A good employée's role is to vet visitors and only allow important ones through.

A) WELCOMING SOMEONE

Usually visitors give their name on arriving, in which case you simply say:
- *Mr. Russell. Yes, that's right. You have an appointment with Mr. Jansen at five o'clock. Please have a seat.*
- *Mr. Russell. Oh, yes! You rang yesterday.*

Chapitre 2
Présenter et accueillir des visiteurs

Quand vous recevez des visiteurs, vous jouez un rôle essentiel de *relations publiques* pour l'entreprise. Comme nous le verrons plus tard dans le chapitre consacré au téléphone, vous représentez la société. Ceci est particulièrement vrai lors d'une première visite. Même si vous êtes surchargée de travail, essayez de vous montrer agréable, calme et efficace.

Sans être indiscrète, c'est à vous d'obtenir un certain nombre de renseignements concernant votre visiteur : nom, travail, compagnie ou institution, motif de la visite. En possession de ces informations, vous verrez s'il est nécessaire ou non de l'introduire dans le bureau de votre chef. Un bon employé est un "filtre" qui ne doit laisser passer que ce qui est important.

A) ACCUEILLIR QUELQU'UN

D'ordinaire, la personne se présente d'elle-même, dans ce cas, vous n'avez qu'à répondre.

• *M. Russell. Oui, en effet. Vous avez rendez-vous avec M. Jansen à 17 h. Asseyez-vous, je vous en prie.*

• *M. Russell. Ah, je vois ! Vous avez téléphoné hier.*

If you know a little about the person, you can give him a warmer welcome:
- *Do come in Mr. Russell. Did you have a good journey? Mr. Thomas will be with you in a moment.*
- *I hope it wasn't difficult to find us.*

If you work in an office where there is a constant stream of visitors, you may have to be brief. People will appreciate that you are saving time:
- *Could I have your name, please?*
- *Who gave you our name, please?*
- *Who sent you to us?*
- *What can I do for you?*
- *What would you like to know?*
- *What is it about?* etc.

Try to protect the company's image. If everything is not in its place or if things are not running smoothly, you can give a short explanation:
- *We regret that everything is so untidy, but we are in the middle of moving | of reorganising the service.*
- *We are understaffed at the moment. Several members of staff have fallen ill at the same time.*

If a visitor does not have an appointment, show that you will do your best to ensure that he sees the person he has asked for, even if you cannot guarantee the outcome:
- *I don't know if Mr. Jansen will be able to see you. He's very busy this morning, but I'll do my best.*
- *I'm sure M. Jansen would see you if at all possible, but I'm afraid it looks a bit doubtful in the circumstances.*
- *I'm sure Mr. Jansen would have seen you if it had been possible, but unfortunately...*

Si vous connaissez un peu la personne, vous pouvez personnaliser votre accueil :
- *Entrez, je vous en prie M. Russell. Avez-vous fait bon voyage ? M. Thomas sera à vous dans un instant.*
- *J'espère que vous avez trouvé facilement.*

Si vous travaillez dans un centre où les visiteurs se succèdent, vous pouvez vous permettre d'être plus directe, chacun vous saura gré de gagner du temps.
- *Vous êtes Monsieur ... ?*
- *Vous venez de la part de qui ?*
- *Qui vous envoie ?*
- *Que désirez-vous ?*
- *Quels renseignements voulez-vous ?*
- *C'est à quel sujet ? etc.*

Vous devez toujours préserver l'image de la société. S'il règne une certaine confusion ou un certain désordre, trouvez quelques mots pour justifier ou expliquer la situation.
- *Vous voudrez bien excuser le désordre mais nous sommes en train de déménager | de réorganiser le service.*
- *Nous avons un problème d'effectif en ce moment, plusieurs membres du personnel sont tombés malades en même temps.*

Lorsqu'un visiteur n'a pas pris rendez-vous, montrez-lui que vous ferez votre possible pour lui permettre de voir la personne désirée même si le résultat n'est pas garanti.
- *Je ne sais pas si M. Jansen pourra vous recevoir. Il est très occupé ce matin, mais je ferai de mon mieux.*
- *Je suis sûre que M. Jansen vous recevra si cela lui est possible, mais cela me semble difficile étant donné les circonstances.*
- *Je sais que M. Jansen vous aurait reçu si cela lui avait été possible, malheureusement ...*

B) INTRODUCING A VISITOR

When you show the visitor in to your boss's office, you will often have to introduce him very briefly. Your boss may have a lot on his mind or he (or she) will be grateful if you give him (or her) as clear a picture as possible of the situation:

* *Mr Russell is a sales representative from Font & Co. He would like to show you his latest models | the project for our new advertising campaign.*

* *He would like to talk to you about new insurance conditions | to show you his new range of products.*

Although you must be clear, be careful not to say more than your role requires. Some visitors will try to influence you, knowing that you have the boss's ear:

* *Mr. Russell is here. Mrs Lenoir sent him. It's about replacing Mrs. Auvert during her sickleave.*

In the interest of the service, you sometimes have to take the initiative:

* *Mr. Russell had an appointment with Mrs. Thomas. Unfortunately she's not here today. Would it be possible for you to see him?*

You may have to come to the rescue of a visitor who has lost his way:

* *May I help you?*
* *Do you need some help?*
* *Are you looking for someone | something?*

B) PRÉSENTER QUELQU'UN

Lorsque vous introduisez le visiteur dans le bureau de votre patron, vous devez essayer d'être la plus précise possible. Votre chef peut avoir l'esprit très occupé, il vous sera reconnaissant de lui rappeler exactement la situation.

- *M. Russell est envoyé par les établissements Font. Il voudrait vous montrer ses nouveaux modèles | le projet pour notre nouvelle campagne publicitaire.*
- *Il voudrait vous proposer de nouvelles conditions d'assurances | vous montrer sa nouvelle gamme de produits.*

Soyez précise mais n'outrepassez pas votre rôle. Certains essaieront de vous influencer, sachant que vous avez l'oreille de votre patron.

- *M. Russell est là. Il vient sur les recommandations de Mme Lenoir, il se propose de remplacer Mme Auvert pendant son arrêt de maladie.*

Sachez prendre des initiatives dans l'intérêt du service bien sûr.

- *M. Russell avait rendez-vous avec Mme Thomas. Malheureusement, elle est absente aujourd'hui, peut-être pourriez-vous le recevoir . . . ?*

Vous pouvez également venir en aide à un visiteur hésitant ou égaré.

- *Puis-je vous être utile ?*
- *Je peux vous aider ?*
- *Vous cherchez quelqu'un | quelque chose ?*

C) TAKING CARE OF THE VISITOR WHO HAS TO WAIT

Quite often timetables are not respected. You must then look after the visitor who had an appointment but who is still waiting for your boss to appear.

Faced with this problem, there are several possibilities which vary according to how long the wait is.

To begin with, you can try making polite conversation:
- *I hope your journey wasn't too long.*
- *Did you have a problem finding a parking space? It's getting more and more difficult around here.*
- *What do you think of our new premises?*
- *I hope this sunny weather will hold out for the weekend.*

If he does not have to wait too long, you can ask the visitor if he would like a coffee:
- *Can I get you a coffee?*

or you can try giving him (or her) something to read, such as brochures on the company or your products:
- *Would you like to have a look at this magazine on...?*

If he has a long wait, you can give an explanation:
- *Mr. Jansen is held up in a meeting.*
- *Mr. Jansen was called away this morning.*
- *Mr. Janses asked me to apologise. Unfortunately he is going to be late.*

Your role is essential here once again. You must let the visitor know that your boss has not forgotten him, and regrets that he is not able to be there.
- *Mr. Jansen asked me to tell you how sorry he is. He wasn't able to catch the 7:10 train (the seven, ten train). He won't be back until ten o'clock.*

C) FAIRE PATIENTER

Il arrive souvent que l'emploi du temps ne soit pas respecté. Il faut alors faire patienter les visiteurs, qui, pourtant, avaient rendez-vous.

Pour faire face à ce problème, il y a plusieurs possibilités, suivant la longueur de l'attente.

On peut commencer par engager une conversation courtoise :
- *J'espère que la route n'a pas été trop longue.*
- *Avez-vous eu du mal à vous garer, la situation devient impossible dans ce quartier.*
- *Que pensez-vous de nos nouveaux locaux ?*
- *J'espère que ce beau temps va tenir jusqu'à la fin de la semaine.*

Si le retard est bref, vous pouvez proposer un café :

- *Puis-je vous offrir un café ?*

ou bien quelque chose à lire, par exemple de la documentation sur votre entreprise, vos produits, etc.
- *Permettez-moi de vous donner cette revue sur...*

Si le retard se prolonge, vous devez donner une explication.
- *M. Jansen est retenu dans une réunion.*
- *M. Jansen a dû s'absenter ce matin.*
- *M. Jansen m'a chargée de l'excuser, il sera malheureusement en retard.*

Là encore, votre rôle est capital. Montrez combien M. Jansen est soucieux de son visiteur et à quel point il regrette ce contretemps.

- *M. Jansen m'a chargée de vous faire toutes ses excuses, il n'a pu avoir le train de 7 heures 10, il ne sera pas là avant 10 heures.*

You can then suggest that your visitor see someone else. You will need to be convincing, of course:

- *It's such a pity that Mr. Jansen can't see you. May I suggest someone else?*
- *While you are waiting for Mr. Jansen to get back, perhaps you would like to see Mrs. Lavoix. She used to be in charge of the training department and she knows the company very well.*
- *We do apologise for the inconvenience.*

Vous pouvez orienter votre visiteur vers une autre personne. Soyez convaincante, évidemment :

* *Il est regrettable que M. Jansen ne puisse vous recevoir. Puis-je vous suggérer quelqu'un d'autre ?*
* *En attendant l'arrivée de M. Jansen, vous pouvez peut-être voir Mme Lavoix, elle s'est occupée pendant quatre ans du service Formation et connaît très bien la maison.*
* *Je suis désolée de ce contretemps.*

Chapter 3
The telephone

A) THE BEST MEANS OF COMMUNICATING YOUR INFORMATION

Before picking up the receiver to make a call, think about whether it is the best means of conveying your message or obtaining the information you require. If you need a record or proof of a transaction, written communication would obviously be better. Many fall into the habit of using the phone because it seems the easiest and quickest solution. A phone call can indeed be the most cost-effective solution if it saves you a journey. Telephone conversations are usually shorter than face-to-face encounters; people usually spend less time on preambles and digressions as the pressure of time is felt more acutely. However there are certain risks: do not be taken off your guard when receiving a call. The caller is necessarily more prepared than you. No one can bear silences on the telephone and you may feel pressured into giving more information than you should, or you might give a commitment that you will later regret. To defend yourself in this type of situation, be ready to say:

- *I shall have to think about that. I'll call you back as soon as I come to a decision.*
- *I'll look into that question and call you back in ten minutes.*

This will give you time to think things through.

Chapitre 3
Le telephone

A) LES MEILLEURS MOYENS POUR FAIRE PASSER VOS INFORMATIONS

Avant de décrocher, soyez sûr que c'est le meilleur moyen de faire passer votre message ou d'obtenir les informations que vous désirez. Si vous avez besoin d'une trace ou de la preuve d'une transaction, un document écrit sera évidemment préférable. Beaucoup utilisent le téléphone par habitude parce que c'est plus facile et plus rapide. En effet, un coup de téléphone sera la solution la plus économique s'il vous évite un voyage. Les conversations téléphoniques durent généralement moins longtemps que les face-à-face; on passe moins de temps en préambules et en digressions, la notion de temps est également beaucoup plus sensible. Il y a a cependant certains risques : restez vigilant quand vous recevez un appel. Votre interlocuteur est nécessairement mieux préparé que vous. Personne n'aime les silences au bout du fil et vous pouvez être amené à donner plus d'informations que vous ne devriez ou à vous engager à la légère. Pour vous protéger dans ce genre de situation, soyez prêt à dire :

- *Je vais y réfléchir. Je vous rappelle dès que j'ai pris une décision.*

- *Je vais examiner cette question et je vous rappellerai dans dix minutes.*

Cela vous donnera le temps de réfléchir.

B) TELEPHONE VOICE AND MANNER

Every time you pick up the phone, you represent your company to the person on the other end of the line. The way your voice sounds will have a lot more impact than in face-to-face communication. A good telephone voice and manner are essential assets. You and your company will be assessed by the way you speak and what you say. Your tone must be amicable, but business-like. Some would advise you to smile when you use the phone so that your voice has a certain warmth. Make sure that your voice is clear and pleasant and that you articulate properly as it is more difficult for people to understand you when they cannot see your mouth and facial expression. In intercultural situations, it is plain courtesy to make a special effort to speak clearly, without slowing down to the extent that your speech is unnatural and you sound condescending or patronising. Try tape-recording your own voice as you answer the telephone. This will give you a more accurate view of your performance.

C) STARTING OFF

Answer promptly. A phone left ringing gives an impression of inefficiency. Always make a good start. If you establish good rapport at the outset this will greatly enhance your chances of having a successful conversation and help to set the tone.

Some companies prefer you to use one expression rather than another when anwering the phone. The most common are:

- *Hello. Mr. Jansen's office.*
- *Hello. Mr. Jansen's secretary.*
- *Hello. Mr. Jansen's assistant.*
- *Hello. Training Department.*
- *Hello. Training Department. Susan Jones speaking.*

B) LA FAÇON DE PARLER

Pour celui qui appelle, vous représentez votre compagnie chaque fois que vous décrochez. Votre voix aura beaucoup plus d'importance que lors d'un entretien réel. Une voix agréable et de bonnes manières représentent un atout. On jugera votre firme à ce que vous direz et à votre façon de le dire. Le ton doit être amical, tout en restant professionnel. Il est parfois conseillé de sourire quand on téléphone pour que la voix exprime une certaine chaleur. Votre voix doit être claire et agréable. Articulez convenablement. Il est plus difficile de comprendre quelqu'un dont on ne voit pas la bouche ni les expressions du visage. En milieu interculturel, par simple courtoisie, faites un effort supplémentaire pour parler clairement, sans exagérer toutefois, pour ne pas paraître condescendant. Essayez d'enregistrer votre voix quand vous répondez au téléphone. Cela vous permettra de mieux vous contrôler.

C) AU DEBUT

Répondez immédiatement. Un téléphone qu'on laisse sonner donne une impression de laisser-aller. Commencez bien : si vous établissez de bons rapports dès le début, cela augmentera considérablement vos chances d'avoir des développements fructueux et cela donnera le ton de la conversation.

Certaines sociétés préfèrent que vous utilisiez une expression plutôt qu'une autre quand vous répondez au téléphone. Les plus courantes sont :
- *Allo. Bureau de M. Jansen.*
- *Allo. Ici la secrétaire de M. Jansen | Secrétariat de M. Jansen.*
- *Allo. Ici l'assistant de M. Jansen.*
- *Allo. Sercice de formation.*
- *Allo. Service de formation. Susan Jones à l'appareil.*

If it is part of your job to answer inquiries, it may be appropriate to add:
- *May I help you?*
- *How can I help you?*
- *What can I do for you?*

If you are making a call you can say:
- *Hello. This is Mr. Jansen's assistant here. May I speak to Mr. Smith, please?*
- *Susan Jones calling. Is Mr. Smith there, please?*

- *Hello. Mr. Jansen's secretary here, Font International. Mr. Jansen would like to speak to Mr. Abel, please.*

When you know the person you want to speak to reasonably well, you can try a less formal expression:
- *Susan here. Could I have a word with John, please?*

N.B. When referring to yourself, you use: "This is Sandra" and "Sandra here". When referring to the caller, you use: "Is that John? and "Is John there?"

D) ASKING PEOPLE TO HOLD ON

Even more annoying than having to wait for someone to pick up the phone, is being left hanging on for lengthy periods with no explanation of why you are waiting or how long it will last. People like to do business with courteous people, so make sure you show you are attentive to callers' needs in this situation:
- *I'm afraid Mrs. Grand's line is busy right now. will you hold on, or would you prefer to ring back in, say, ten minutes?*
- *I'm afraid I'm just dealing with an inquiry on the other line. If you don't mind holding on, I'll be back to you in just a moment.*
- *It may take some time to get all the information you need. Do you want to hold on while I look into it or would you prefer me to ring you back in half an hour?*

Si vous devez donner des renseignements, il convient d'ajouter :
- *Puis-je vous aider ?*
- *En quoi puis-je vous aider ?*
- *Que puis-je faire pour vous ?*

Si c'est vous qui appelez, vous pouvez dire :
- *Allo. Ici l'assistant de M. Jansen. Puis-je parler à M. Smith, s'il vous plaît ?*
- *Susan Jones à l'appareil. Est-ce-que M. Smith est là, s'il vous plaît ?*
- *Allo. Ici la secrétaire de M. Jansen, des établissements Font International. M. Jansen aimerait parler à M. Abel, s'il vous plaît...*

Si vous connaissez assez bien la personne à qui vous voulez parler vous pouvez essayer une expression moins formelle :
- *C'est Susan. Est-ce que je peux parler à John ?*

N.B. Quand vous parlez de vous, vous dites : c'est Sandra et Ici, Sandra. Quand vous parlez de votre correspondant : Est-ce que c'est John ? et Est-ce-que John est là ?

D) DEMANDER DE RESTER EN LIGNE

Attendre au bout du fil sans en connaître les raisons ou la durée est encore plus ennuyeux que d'attendre que la personne veuille bien décrocher. Dans les affaires, les gens courtois sont appréciés. Montrez le soin que vous apportez à satisfaire votre correspondant en cette circonstance :
- *Je suis désolé, Mme. Grand est en ligne en ce moment. Voulez-vous attendre ou rappeler dans, disons, dix minutes ?*
- *Je suis désolé, j'ai un autre appel en ligne. Si cela ne vous ennuie pas d'attendre, je suis à vous dans un petit moment.*
- *Il me faut un certain temps pour avoir | obtenir les informations dont vous avez besoin. Voulez-vous rester en ligne ou préférez-vous rappeler dans une demi-heure ?*

E) GOING THROUGH SWITCHBOARD

- *Could you put me through to Mr. Abel, please ?*
- *Could you give me extension five, three, six, please ?*[1]

- *Could you put me through to the Sales Department, please ?*

The switchboard operator may ask you to wait :
- *Could you hold on please ?*
- *Could you hold, please ? I'm just putting you through.*

F) GETTING HOLD OF THE RIGHT PERSON

A lot of time can be wasted on the telephone if you have to explain your case several times to different people who turn out not to be qualified to give you an answer. Think carefully about how you will present your information. Start with the general nature of your inquiry before getting down to the particulars. Avoid anecdotes and irrelevant details ("It all started about a week ago – no, more than that when I come to think about it . . .). Stick to the point :
- *I'd like to clarify a legal aspect of our servicing contract. Could you tell me who I should speak to ?*
- *I need some information on discount terms. Who will be able to help me, please ?*

When receiving a call, ask questions which will help you to direct the caller to the right person immediately :
- *I'm afraid you haven't got the right department | I'm not the person who can help you here, unfortunately . . .*
- *You need to speak to . . .*
- *You need the Sales Department.*
- *In that case, you probably need the Service Department. I'll see if I can put you through to the man in charge.*
- *If you are concerned about . . ., perhaps you should have a word with . . .*

---

1. In English numbers are read out one at a time, as they appear in the text.

E) PASSER QUELQU'UN

- *Pourriez-vous me passer M. Abel, s'il vous plaît ?*
- *Pourriez-vous me passer le poste cinq cent trente-six, s'il vous plaît ?*
- *Pourriez-vous me passer le service des ventes, s'il vous plaît ?*

Le/la standardiste peut vous demander d'attendre :
- *Ne quittez pas, s'il vous plaît.*
- *Pouvez-vous rester en ligne, s'il vous plaît ? Je vous le passe.*

F) JOINDRE LA BONNE PERSONNE

On peut perdre beaucoup de temps au téléphone s'il faut expliquer son cas à différentes personnes qui ne sont pas qualifiées pour vous répondre. Donnez les grandes lignes avant d'entrer dans les détails. Evitez les anecdotes et les détails inutiles ("Tout a commencé il y a une semaine, non, plus, quand j'ai commencé à me demander si . . .) Soyez précis :

- *J'aimerais clarifier un point juridique concernant notre service d'entretien. Pourriez-vous me dire à qui je dois m'adresser ?*
- *J'aimerais avoir plus d'informations sur les remises. Qui pourrait m'aider ?*

Si vous recevez un appel, posez les questions qui vous permettront d'orienter rapidement celui qui appelle vers la bonne personne.
- *Je suis désolé, vous n'êtes pas dans le bon service | Malheureusement, je ne peux pas vous aider . . .*
- *Vous devez parler à . . .*
- *Vous devez vous adresser au service des ventes*
- *Dans ce cas, vous devez certainement vous adresser au service clientèle. Je vais voir si je peux vous passer la personne responsable*
- *Si vous êtes inquiet pour . . ., il faudrait peut-être en parler à . . .*

---

1. En français, on épèle les nombres par groupe de deux ou trois chiffres. 536 : cinq cent trente-six.
448, 80 : quatre cent quarante-huit, quatre-vingts.

G) MAKING SURE IT IS A GOOD TIME

Sometimes a phone call is ineffective because the person receiving the call is too busy to deal with it appropriately. In a face-to-face encounter, you see or sense immediately whether the time is right to proceed. If you know your call requires a lot of attention, ask if it is a convenient moment:
- *Is it a good time?*
- *I have to speak to you about … It could take some time, so is it convenient for you now, or shall I call back?*

If you receive a call at a difficult time, if possible give the reason why it is inconvenient for you:
- *I'm afraid this is not a convenient time to go into that now as I have a visitor. I'll ring you back as soon as I can – certainly before the end of the morning.*
- *I'm afraid I can't help you just now. We have an important deadline to meet. If you ring me back after four o'clock, things will be quieter and we'll be able to discuss it in detail.*

H) PUTTING A CALL THROUGH TO YOUR BOSS

One of the essential tasks of a good secretary is screening phone calls, which means finding out who the caller is, why he is calling and deciding whether to put the call through to your boss.
If the caller omits to give the relevant information, you can ask:

- *Who's calling, please?*
- *Who shall I say is calling, please?*
- *Which company | service is that, please?*

- *What would you like to speak to Mr. Jansen about, please?*
- *What is it about, please?*

G) CHOISIR LE BON MOMENT

Parfois un coup de téléphone est sans effet parce que votre correspondant est trop occupé pour répondre correctement. En face de la personne, vous voyez ou vous sentez immédiatement si c'est le bon moment. Si votre appel demande une grande attention, demandez si le moment est opportun :

• *Est-ce que je ne vous dérange pas ?*

• *J'aimerais vous parler de ... cela peut prendre un petit moment, est-ce que c'est possible maintenant ou est-ce qu'il vaut mieux que je rappelle plus tard ?*

Si on vous appelle à un moment qui ne vous convient pas, donnez les raisons, lorsque c'est possible :

• *Je suis désolé, c'est difficile d'en parler maintenant, j'ai un visiteur. Je vous rappellerai dès que possible – certainement avant la fin de la matinée.*

• *Je suis désolé, je ne peux vraiment pas vous aider en ce moment, j'ai un travail urgent à finir. Si vous me rappelez après quatre heures, cela ira mieux et on pourra en discuter en détail.*

H) PASSER UNE COMMUNICATION A VOTRE CHEF

Une des tâches essentielles d'une bonne secrétaire est de filtrer les appels, ce qui veut dire savoir qui est la personne, pourquoi elle appelle et s'il faut la passer à votre chef.

Si celui qui appelle oublie de donner les informations nécessaires, vous pouvez demander :

• *Qui est à l'appareil ?*

• *A qui ai-je l'honneur ? (très formel)*

• *C'est de la part de quelle compagnie / de quel service, s'il vous plaît ?*

• *A quel sujet soulaitez-vous parlez à M. Jansen, s'il vous plait ?*

• *C'est à quel sujet ?*

If you decide to put the call through, you can ask the caller to hold on, while you announce him to your boss:

- *Mr. Jansen, I have Mr. Abel on the line, from Font International. He would like to speak to you about the January order.*
- *Mrs. James is on the line. She has a query concerning your report. Will you take the call?*
- *Mr. Smith is on the line. He says it's a personal call.*

I) IF YOUR BOSS IS NOT AVAILABLE

- *I'm afraid Mr. Jansen is not available right now.*
- *He's in a meeting at the moment.*
- *He's away on a business trip.*
- *He's on the other line.*
- *He has a visitor.*

I'm afraid Mr Jansen is not available right now. He's in a meeting.

Si vous décidez de passer la communication, vous pouvez demander à la personne de rester en ligne pendant que vous l'annoncez à votre chef.

- *M. Jansen. J'ai M. Abel en ligne, des établissements Font International. Il voudrait vous parler (à propos) de la commande de janvier.*
- *Mme James est en ligne. Elle a une question à vous poser concernant votre rapport. Est-ce-que vous la prenez ?*
- *M. Smith est en ligne. Il dit que c'est personnel.*

I) S'IL EST OCCUPE

- *Je suis désolé, M. Jansen est occupé pour le moment.*
- *Il est en réunion en ce moment.*
- *Il est en mission.*
- *Il est en ligne.*
- *Il a un visiteur.*

Je suis désolee, M. Jansen est occupé pour le moment. Il est en réunion.

J) MESSAGES

Taking a message is not always a simple task. Some callers are not clear. Others take a long time to come to the point or become impatient. You must remain polite and in control. Sometimes you will need to guide the caller by asking the right questions. Use open questions to gather the facts:

- *What would you like to know?*
- *How would you prefer us to pay?*
- *What time would you be available to see our representative?*

- *Where will the meeting take place?*
- *What do you want to order?*
- *Why do you think this won't work?*

When dealing with a difficult caller, whether he be angry, impolite or a waffler, the best policy is to concentrate on the facts and remain in control:

- *If we could just get all the facts down / clear, we'll then see how best to deal with this.*

As the caller cannot see you, you must show that you are listenting with a sympathetic ear to encourage the caller to express himself concisely:

- *Yes. Fine. I see. I understand. Right.*
- *Yes. I'm just writing that down.*
- *Yes. I'll make a note of that.*
- *Yes. I can see that on your form here.*
- *Yes. I've got that.*

It may be necessary to summarise the caller's message:

- *Fine. So you want John to fix an appointment before the summer break, with all project managers that you haven't been able to see yet. Is that correct?*

If there are complicated references, you may prefer to read the complete message back:

- *I'll just read that back, if you don't mind.*

J) PRENDRE UN MESSAGE

Prendre des messages n'est pas toujours une tâche facile. Certaines personnes ne sont pas claires, d'autres sont lentes à en venir au fait ou sont impatientes... Vous devez garder votre calme et rester poli. Il vous faudra parfois aider votre correspondant à poser les bonnes questions. Posez des questions ouvertes pour obtenir des précisions :
- *Que désirez-vous savoir ?*
- *Comment préférez-vous payer ?*
- *A quel moment seriez-vous disponible pour voir notre représentant ?*
- *Où la réunion aura-t-elle lieu ?*
- *Que voulez-vous commander ?*
- *Pourquoi pensez-vous que cela ne va pas marcher ?*

Avec un interlocuteur difficile, qu'il soit furieux, impoli ou prolixe, la meilleure politique est de se concentrer sur les faits et de se contrôler :
- *Si nous pouvions reprendre les faits de façon claire, nous verrions quel est le meilleur moyen de régler ceci.*

Comme la personne qui appelle ne peut pas vous voir, vous devez lui montrer que vous lui prêtez une oreille attentive pour l'encourager à s'exprimer avec concision :
- *Oui. Bien. Je vois. Je comprends. En effet.*
- *Oui. Je suis en train de l'écrire.*
- *Oui. Je prends note de cela.*
- *Oui. Je le vois sur votre fiche.*
- *Oui. C'est noté.*

Il est quelquefois nécessaire de résumer le message :
- *Bien. Vous voulez qu'avant les congés d'été John fixe un rendez-vous avec les chefs de projet que vous n'avez pas pu voir. C'est bien ça ?*

S'il y a des références compliquées, il est parfois préférable de relire entièrement le message.
- *Je vais relire, si ça ne vous ennuie pas.*

K) DEALING WITH LETTERS AND NUMBERS

Messages with letters and numbers in a second language can cause problems. In order to control the speed of delivery, the best idea is to interrupt the speaker by repeating the letters or numbers, a few at a time. You thereby oblige the speaker to stop and check that you have got it right before he can carry on. You will then have the time to write the message down without asking the caller to repeat.

Beware of the problem letters for French speakers using English and vice versa:

e/i

   e = [i:] as in "green"   i = [ai] as in "five" or "I"

and

g/j

   g = [dz + i:] as in "jeep" j = [dz + ei] as in "James Bond"

L) ACTION THAT WILL BE TAKEN

Once the message has been dealt with, you should give a clear indication of the help you can give or of the action that will be taken:

- *I'll give Mr. Jansen your message as soon as he comes in.*
- *Could you give me your name and number so that Mr. Jansen can ring you back?*
- *I'll look into this question and call you back as soon as I have an answer.*
- *Right. I'll see to that straightaway.*
- *I'll see to it that Mr. Jansen gets your message.*
- *Don't worry. I'll deal with this question myself and I'll let you know what happens.*

K) LETTRES ET CHIFFRES

Les messages contenant des lettres et des chiffres dans une deuxième langue peuvent poser des problèmes. Une manière de contrôler la rapidité du débit, c'est d'interrompre votre interlocuteur en répétant les lettres et les chiffres par groupe. Vous l'obligez ainsi à s'arrêter et à vérifier que vous avez bien compris avant qu'il ne reprenne. Vous avez alors le temps d'écrire le message sans demander de répeter.

Attention au problème des lettres en français quand elles sont utilisées par un anglophone et vice versa :

e/i

 e = IoeI comme dans *beurre*   i = IiI comme dans *lit*

et

g/j

 g = IʒeI comme dans *général* J = IʒiI comme dans *girafe*

L) SUITES A DONNER

Une fois que le message est pris, vous devez indiquer ce que vous pouvez faire ou les suites que vous pouvez donner :

- • *Je donnerai votre message à M. Jansen dès son retour.*
- • *Pourriez-vous me donner votre nom et votre numéro de téléphone de façon que M. Jansen puisse vous rappeler ?*
- • *Je vais examiner la question et je vous rappellerai dès que j'aurai une réponse.*
- • *Bien. Je m'en occupe tout de suite.*
- • *Je veillerai à ce que M. Jansen ait votre message.*
- • *Ne vous inquiétez pas. Je m'occuperai de cette question personnellement et je vous tiendrai au courant.*

M) ENDING A CALL

Finally, end on a courteous note. People remember best what you say last:
- *Nice to speak to you again.*
- *Nice to hear from you.*
- *Thank you so much for your help.*
- *Thank you for your call.*
- *Thank you for calling.*
- *Goodbye.*

M) A LA FIN DU COUP DE FIL

Enfin, terminez sur une note courtoise. On se rappelle mieux ce qui se dit en dernier :
- *A très bientôt.*
- *Ravi de vous avoir parlé.*
- *Merci beaucoup pour votre aide.*
- *Merci de votre appel.*
- *Merci d'avoir appelé.*
- *Au revoir.*

Chapter 4

Making
and answering inquiries

The first step to take when you are about to make an inquiry is to think carefully about the information you need. It may be useful to draw up a checklist which you can tick off as you obtain the information, or a questionnaire if the information you require is more complex and the questions need to be carefully formulated.

A) OBTAINING INFORMATION FROM INFORMATION CENTRES

If you contact a travel agent's or an information centre on the telephone, you can begin:
- *I'd like to make an inquiry.*
- *I have an inquiry to make.*
- *I need to know the times of trains for Paris, leaving on Friday morning, please.*
- *I need some information concerning the reimbursement procedure for unused tickets.*

Chapitre 4

Demander ou donner
un renseignement

La première chose à faire quand vous voulez demander un renseignement est de réfléchir attentivement aux informations dont vous avez besoin. Il peut être utile de faire une liste – que vous allez rayer au fur et à mesure que vous obtenez les informations – ou un questionnaire, si les informations que vous cherchez sont plus complexes et que les questions ont besoin d'être clairement formulées.

A) DEMANDER DES RENSEIGNEMENTS DANS DES CENTRES SPÉCIALISÉS

Si vous contactez une agence de voyage ou un centre d'information au téléphone, vous pouvez commencer par :
- *J'aimerais demander un renseignement.*
- *J'ai un renseignement à demander.*
- *J'aimerais connaître les horaires des trains pour Paris le vendredi matin.*
- *J'aimerais avoir quelques informations concernant le remboursement des billets non utilisés.*

Inquiries that are commonly made include:
- *I would like to know if it's possible to book by phone.*
- *Would it be possible to use those tickets at a later date?*

- *Could you tell me if there is a connecting flight?*
- *Can I book a first class seat on the high speed train to Bordeaux?*

- *I would like to book a single | double room.*
- *Do you have a room on the night of 15 July?*
- *Could you tell me the deadline for applications for training courses?*
- *Where can I obtain an enrolment form?*
- *Could you tell me where I can get a brochure?*
- *Where do I have to apply to get a form for reimbursement of travelling expenses?*
- *Who is the person responsible for reimbursing expenses?*
- *Who should I contact | see to find out about ...*

B) EXPLAINING WHY YOU NEED THE INFORMATION

If you are not dealing with an inquiries office, you may have to explain why you need the information:

- *I've been asked to prepare some documents for a report on ...*

- *I'm responsible for ... and I need some information to write my annual report.*
- *I've been asked to collect information on ...*
- *I've been asked to look into the question of absenteeism.*

Les renseignements les plus courants sont :
- *J'aimerais savoir s'il est possible de réserver par téléphone ?*
- *Est-ce qu'il serait possible d'utiliser ces tickets à une date ultérieure ?*
- *Pourriez-vous me dire s'il y a une correspondance (avion) ?*
- *Est-ce que je peux réserver une place en 1re dans le T.G.V.[1] pour Bordeaux ?*
- *Je voudrais réserver une chambre pour une / deux personne(s).*
- *Est-ce que vous avez une chambre pour la nuit du 15 au 16 Juillet ?*
- *Pourriez-vous me dire quelle est la date limite pour les inscriptions dans les cours de formation ?*
- *Où dois-je m'adresser pour obtenir un formulaire d'inscription ?*
- *Pourriez-vous me dire où je peux obtenir une brochure ?*
- *Où dois-je m'adresser pour obtenir un formulaire de rembourse-ment des frais de mission ?*
- *Qui est la personne responsable du remboursement des frais ?*
- *Qui dois-je contacter / voir pour savoir ...*

B) JUSTIFIER VOTRE DEMANDE

Quand vous ne vous adressez pas à un service de renseigne-ments, vous devez donner les raisons pour lesquelles vous avez besoin des informations.
- *On m'a demandé le préparer des documents pour un rapport sur ...*
- *Je suis chargée de ... et j'ai besoin d'informations pour écrire mon rapport annuel.*
- *On m'a demandé de réunir des informations sur ...*
- *On m'a demandé d'étudier la question de l'absentéisme.*

---

1. Train à Grande Vitesse.

C) EXPLAINING WHY YOU HAVE CONTACTED THE PERSON

- *I was told you would be able to help me. I need some statistics/ figures on absenteeism.*
- *Mr. Smith advised me to contact you. I believe you have the latest sales figures.*
- *I've been told you're the best person to help me | you would be the best person to help me.*

D) USING A RECOMMENDATION

It may be useful to give the name of someone who knows the person you are addressing or whose authority will enable you to obtain the information.
- *Mr. Sawyer told me you might be able to help me.*
- *Mr. Sawyer told me you are the right person to see.*
- *Mr. Sawyer told me you are in charge of ...*
- *Mr. Sawyer told me to contact you.*
- *Mr. Sawyer recommended that I get in touch with you.*

E) TACT

- *I wonder[1] if you could help me.*
- *I was wondering if you could tell me ...*
- *I hope this isn't an inconvenient time.*
- *I'm sorry to disturb you.*
- *I hope I'm not disturbing you. I can call later.*
- *I'm sorry, I know you are very busy, but could I just ask you one question?*
- *Could I just disturb you for a moment? I promise it won't take long.*

---

1. *I wonder* expresses politeness rather than doubt. It cannot be translated literally.

C) EXPLIQUER POURQUOI VOUS AVEZ CONTACTÉ LA PERSONNE

- *On m'a dit que vous pourriez m'aider. J'ai besoin de statistiques sur l'absentéisme.*
- *M. Smith m'a conseillé de vous contacter. Je crois que vous avez les derniers chiffres concernant les ventes.*
- *On m'a dit que vous étiez la personne la mieux placée pour m'aider | que vous seriez la personne la mieux placée pour m'aider.*

D) UTILISER UNE RECOMMANDATION

Il est parfois utile de donner le nom de la personne qui vous envoie et dont l'autorité vous permettra d'obtenir les informations.

- *M. Sawyer m'a dit que vous pourriez peut-être m'aider.*
- *M. Sawyer m'a dit que vous étiez la personne à voir.*
- *M. Sawyer m'a dit que vous vous occupiez de ...*
- *M. Sawyer m'a dit de vous contacter.*
- *M. Sawyer m'a recommandé de prendre contact avec vous.*

E) TACT

- *Pourrais-je[1] vous demander de m'aider ? | Pourriez-vous m'apporter votre aide ?*
- *Pourriez-vous me dire ... ?*
- *J'espère que ce n'est pas un mauvais moment.*
- *Je suis désolée de vous déranger.*
- *J'espère que je ne vous dérange pas. Je peux rappeler.*
- *Je suis désolée, je sais que vous êtes très occupé mais pourrais-je vous poser une simple question ?*
- *Pourrais-je vous déranger un instant ? Je vous promets que ça ne sera pas long.*

---

1. *I wonder* ici exprime moins le doute que la politesse, il ne peut pas se traduire littéralement.

F) EFFICIENCY

If you are in a hurry and you want just a *yes* or *no* answer, you can use:
* *So you are saying that the decision has already been taken, aren't you?*

The following expression is useful when people are slow to come to the point or reluctant to disclose information:
* *I would just like confirmation that there will be a meeting before the end of the month.*

G) THANKS

If you have obtained the information you need, you can say:
* *Thank you very much.*
* *Thank you for your help.*
* *You've been very helpful.*
* *I'm very grateful for all the information you have given me.*

F) EFFICACITÉ

Si vous êtes pressée et voulez une réponse brève par *oui* ou *non*, vous pouvez utiliser :
- *Vous voulez dire que la décision a déjà été prise, n'est-ce pas ?*

L'expression suivante peut servir quand les gens tardent à en venir au fait ou sont réticents pour donner des renseignements ;
- *Je voudrais simplement avoir (la) confirmation qu'il y aura bien une réunion avant la fin du mois.*

G) REMERCIEMENTS

Si vous avez obtenu les renseignements dont vous aviez besoin, vous pouvez dire :
- *Merci beaucoup.*
- *Merci pour votre aide.*
- *Vous m'avez beaucoup aidée.*
- *Je vous suis reconnaissante de toutes les informations que vous m'avez données.*

Chapter 5
Making requests

A common pitfall in professional life is being permanently over-worked. You may reach the stage where you are trying to do so many things at the same time that you overlook an essential detail. Your months of hard work may then easily be forgotten.

A way to avoid this situation is to get others to do things. Admittedly, this is not as easy as it sounds.

A) ASKING FOR HELP

Your tone should be neither aggressive nor self-pitying but gently assertive. It is a good idea to begin by explaining the reasons for your request.

1) Explaining the situation

- *I have a report to finish and Mr. Smithson has asked me to update the files by this evening. I don't see how I can manage.*
- *I've got a deadline to meet.*
- *I've got too many urgent assignments.*
- *Mr. Jansen has asked me to make sure all the delegates have received the documents for the technical assistance meeting.*

Chapitre 5
Présenter des demandes

Un piège fréquent dans la vie professionnelle est d'être surchargée en permanence. Vous risquez d'atteindre le stade où vous essayez de faire tant de choses en même temps que vous oubliez un détail capital. Vos mois de travail peuvent alors être facilement oubliés.

Une façon d'éviter cette situation désagréable est de faire appel aux autres. De toute évidence, ce n'est pas aussi facile qu'il y paraît.

A) DEMANDER UN SERVICE

Votre ton ne doit être ni agressif ni larmoyant mais assuré. Il est bien de commencer par expliquer les motifs de votre demande.

1) Expliquer la situation

- *J'ai un rapport à finir et M. Smithson m'a demandé de mettre à jour les dossiers pour ce soir, je ne vois pas comment je peux y arriver.*
- *J'ai un délai à respecter.*
- *J'ai trop de choses urgentes à faire.*
- *M. Jansen m'a demandé de vérifier que tous les délégués avaient reçu les documents pour la réunion sur l'assistance technique*

2) Making a polite request

- *Do you think you could possibly do this for me?*
- *I was wondering if you could give me a hand with this report.*
- *Would you be so kind as to contact these people for me?*
- *Would you mind getting in touch with these people to confirm Friday's meeting?*

3)) Making an informal request

- *Could you possibly do me a favour?*
- *Could you do me a favour?*

It sometimes helps if you underline that your request is an exceptional one:
- *I wonder if I could ask you, as a special favour, to help me with this assignment* (formal).
- *Could you possibly help me out, just this once?* (informal).
- *I know that you're busy too, but could you help me?*

B) PROMISING TO RECIPROCATE

- *If you could help me now, I'd be more than willing to do the same for you when you need it.*
- *I'd be glad to do the same for you whenever you ask me.*

- *I'd be happy to help you out any time you need it.*
- *I'll do the same for you some other time* (informal).

Sometimes it is useful to remind the person of the times you helped him:
- *You remember I helped you with translating. Well, I was wondering if I could ask you to help me today.*
- *I did help you last week.*

2) Demande formelle

- *Est-ce qu'il vous serait possible de faire ceci pour moi ?*
- *Est-ce que vous pourriez m'apporter votre aide pour ce rapport ?*
- *Auriez-vous la gentillesse de contacter ces personnes pour moi ?*
- *Je ne voudrais pas vous ennuyer mais est-ce que vous pourriez joindre ces personnes pour confirmer la réunion de vendredi ?*

3) Demande informelle

- *Est-ce que je pourrais te demander un service ?*
- *Pourrais-tu me rendre un service ?*

Cela aide parfois de souligner le caractère exceptionnel de la demande :
- *Je me permets exceptionnellement de vous demander de m'aider pour ce travail* (formel).
- *Est-ce que vous pourriez m'aider, juste pour cette fois ?* (informel).
- *Je sais que vous êtes aussi très occupé, mais pourriez-vous m'aider ?*

B) RENDRE LA PAREILLE

- *Si vous pouviez m'aider maintenant, c'est avec plaisir que je ferai la même chose pour vous quand vous en aurez besoin.*
- *Je serai heureuse de faire la même chose pour vous quand vous me le demanderez.*
- *Je serai heureuse de vous aider quand vous en aurez besoin.*
- *A charge de revanche* (familier).

Il est parfois utile de rappeler à la personne que vous l'avez aidée :
- *Vous vous souvenez que je vous ai aidé pour la traduction, et bien j'aimerais vous demander de m'aider aujourd'hui.*
- *Je vous ai pourtant aidé la semaine dernière.*

C) EXPRESSING THANKS

Never forget to thank the person :
- *I'm very grateful to you for this.*
- *You've been really kind to help me like this.*
- *I really appreciate your helping me.*
- *It's very kind of you to have helped me.*

D) ASKING FOR AN INCREASE IN SALARY OR PROMOTION

Everything comes to those who wait. This may be true, but, in the case of promotion, you may have to wait a long time.

If you feel that you deserve promotion or a pay rise, you should prepare very carefully to argue your case. Writing the facts down can help to make things clear in your mind. You may try to think of arguments your employer will use to reject your request and prepare some counter-arguments.

Try to use a confident but not aggressive tone. Remember that you have nothing to lose by showing that you are aware of your own worth.

1) Opening words

- *Mrs. Jansen, may I have a word, please ?*
- *There's something I'd like to speak to you about.*

Ascertain that it is a good time to have such a conversation and that you are not likely to be disturbed.
- *I hope this is a convenient time. If not I could see you later.*

- *What I wanted to ask you about was my promotion.*
- *I was hoping that I might be on the list for promotion.*

- *I wanted to ask you about my promotion.*
- *I would like to know if I could have an increase in salary, please.*

- *I don't feel I'm earning enough.*

C) REMERCIER

N'oubliez jamais de remercier la personne :
- *Je vous suis très reconnaissante de cela.*
- *Vous avez été vraiment gentil de m'aider comme vous l'avez fait.*
- *J'ai beaucoup apprécié votre aide.*
- *C'est très gentil à vous de m'avoir aidée.*

D) DEMANDER UNE AUGMENTATION OU UNE PROMOTION

Tout arrive à qui sait attendre. C'est peut-être vrai mais dans le cas d'une promotion, il se peut que vous attendiez longtemps.

S'il vous semble que vous méritez une promotion ou une augmentation, vous devez vous préparer très soigneusement à défendre votre cas. Mettre les faits par écrit peut aider à clarifier les choses dans votre esprit. Vous pouvez penser aux arguments que votre employeur utilisera pour rejeter votre demande et préparer des contre-arguments.

Essayez d'employer un ton confiant mais pas agressif. Rappelez-vous que vous n'avez rien à perdre en montrant que vous êtes consciente de votre propre valeur.

1) Les premiers mots

- *Pourrais-je vous parler, Mme Jansen, s'il vous plaît ?*
- *Il y a quelque chose dont j'aimerais vous parler.*

Après vous être assurée que le moment est bien choisi pour avoir ce genre de conversation et que vous n'allez pas être dérangée :
- *J'espère que ce n'est pas un mauvais moment ? Sinon je pourrais vous voir plus tard.*
- *Ce dont je voulais vous parler, c'était de ma promotion.*
- *J'espérais que je pourrais être sur la liste d'attribution des promotions des promus.*
- *Je voulais vous parler de ma promotion.*
- *J'aimerais savoir s'il serait possible d'avoir une augmentation, parce que ...*
- *J'ai l'impression que je ne gagne pas assez.*

Make sure you are positive about the fact that you like your work.
- *I enjoy my work very much.*
- *I'm very interested in the job.*
- *I find the job very rewarding.*
- *I like the responsibility.*

2) Arguments

a) Length of service
- *I've been working here for five years.*
- *Although I haven't worked in the department very long, I've been working for the company for eight years.*

b) Length of time on the same grade
- *I've been on the same grade for four years.*

c) Difficulty of work
- *I'm very happy to have such a rewarding job, but I feel that for such demanding work the salary should be higher.*

d) Responsibility
- *I appreciate being able to take decisions, but I would like to receive a salary which reflects that responsibility.*
- *I don't feel that my salary corresponds to the amount of responsibility I have.*

e) Comparison with salaries for similar work elsewhere

If you wish to suggest that you could earn more elsewhere you must be very careful, because the answer may be:
- *If you think you can earn more elsewhere, perhaps you should leave.*

If you really think it is a valid reason, or if you are prepared to leave, you can say:
- *Don't misunderstand me. I really like working here and I'm not intending to leave, but I see in the job advertisements that other companies are paying more for similar work.*

Montrez-vous toujours positive quand il s'agit de votre intérêt pour le travail :
- *J'aime beaucoup mon travail.*
- *Je suis très intéressée par le travail.*
- *Je trouve le travail très gratifiant.*
- *J'aime les responsabilités.*

2) Les arguments

a) L'ancienneté
- *Je travaille ici depuis cinq ans.*
- *Il est vrai que je ne travaille pas depuis longtemps dans le service, mais je suis dans l'entreprise depuis huit ans.*

b) Ancienneté dans le même grade
- *J'ai le même grade depuis quatre ans.*

c) Difficulté du travail
- *Je suis heureuse d'avoir un travail si gratifiant, mais il me semble que pour un travail si prenant, le salaire devrait être plus élevé.*

d) Responsabilité
- *J'apprécie le fait de pouvoir prendre des décisions, mais j'aimerais recevoir un salaire qui reflète cette responsabilité.*
- *Il ne me semble pas que mon salaire corresponde aux responsabilités que j'ai.*

e) Comparaison avec les salaires pratiqués ailleurs pour un travail identique
Si vous voulez suggérer que vous pourriez gagner plus ailleurs, vous devez être très prudente, car la réponse peut être :
- *Si vous pensez que vous pouvez gagner plus ailleurs, vous devriez peut-être partir.*

Si vous pensez que c'est une raison valable et si vous êtes prête à partir, vous pouvez dire :
- *Ne vous méprenez pas. J'aime énormément travailler ici et je n'ai pas l'intention de partir mais je vois dans les petites annonces que d'autres entreprises paient davantage pour un travail analogue.*

f) Qualifications
- *I have accounting experience and computing skills. If I were promoted, I could use them.*
- *I have good qualifications so I feel I'm capable of doing more demanding work.*
- *I could take on more responsibility.*

f) Qualifications

- *J'ai des connaissances en comptabilité et en informatique. Si j'étais promue, je pourrais les utiliser.*
- *J'ai une bonne formation, c'est pourquoi je pense que je peux avoir un travail plus difficile.*
- *Je pourrais avoir plus de responsabilités.*

Chapter 6

Expressing your opinion : satisfaction or displeasure, agreement or disagreement

---

The way you express satisfaction or displeasure depends on the context. When you hear good news, for example, if you are going to receive an increase in salary, you can simply say :

- *That's wonderful! That's marvellous!*

If someone tells you good news about himself or his family, you respond :
- *Oh, I'm glad to hear that.*
On hearing bad news, you say :
- *Oh, I'm sorry to hear that.*
- *What a pity!*
- *How awful!*
- *That's dreadful!*

Chapitre 6

Exprimer une opinion : satisfaction ou mécontentement, accord ou désaccord

La façon dont vous exprimez votre satisfaction ou votre mécontentement dépend des circonstances. Quand vous apprenez de bonnes nouvelles dans un contexte informel, par exemple si votre salaire va être augmenté, vous pouvez simplement dire :
- *C'est magnifique ! C'est merveilleux !*

Si quelqu'un parle d'une bonne nouvelle qui le concerne, lui ou sa famille, vous répondez :
- *Je suis contente pour toi/vous.*

Si ce sont mauvaises nouvelles, vous dites alors :
- *Je suis désolée pour toi/vous.*
- *Quel dommage !*
- *C'est triste.*
- *Que c'est affreux !*

Sometimes you may have to express your view in a more formal context. Some managers call meetings to allow their staff to give their opinions on the department. Speaking in public requires more formal expressions.

A) TAKING THE FLOOR

- *I'm glad to have this opportunity to express my views.*
- *I would just like to say that we have a very pleasant atmosphere.*

If you have several points to make, you must make this clear:

- *I have three points to make. Firstly, I'd like to speak about flexible working hours. Secondly, I have a comment on the photocopier, and finally ...*

B) TACT AND DIPLOMACY

If you have something negative to say, it is best to be as tactful as possible. Start with a positive remark if you can:

- *I must say that our department is a happy one, on the whole. There is just one minor point I'd like to make. I generally make the coffee for everyone in the morning, which I don't mind at all, but I would appreciate it if everyone would wash up his or her own cup.*
- *Ours is a good unit. The only problem is that we don't have enough opportunities to meet like this and exchange our views. I think it is important for team spirit and morale.*
- *I have just one small criticism. There is no restaurant near our building.*

Quelquefois vous pouvez exprimer votre opinion dans un contexte plus formel. Certains directeurs organisent de temps en temps une réunion où les membres du personnel peuvent donner leur opinion sur leur service. Parler en public oblige à utiliser des expressions plus formelles.

A) PRENDRE LA PAROLE

- *Je suis heureuse de pouvoir donner mon opinion.*
- *Je voudrais simplement dire qu'il y a un très bon climat.*

Si vous avez plusieurs remarques à faire, vous pouvez l'annoncer à ceux qui vous écoutent :
- *J'ai trois choses importantes à dire. D'abord | Premièrement, je voudrais parler de l'horaire flexible, deuxièmement de la photocopieuse et pour finir de ...*

B) TACT ET DIPLOMATIE

Si vous avez quelque chose de négatif à dire, il vaut mieux être la plus diplomate possible ; essayez de commencer par une remarque positive :
- *Je dois dire que le service est satisfaisant dans l'ensemble. Il y a juste une petite remarque que j'aimerais faire. Je fais généralement le café pour tout le monde le matin, ce qui ne me dérange pas du tout, mais j'aimerais bien que chacun lave sa tasse après.*
- *Notre unité est une bonne unité. Le seul problème est que nous n'avons pas assez d'occasions comme celle-ci pour échanger nos points de vue. Je pense que c'est important pour l'esprit d'équipe et le moral.*
- *J'ai juste une petite critique. Il n'y a pas de restaurant près de notre bâtiment.*

C) RETURNING TO A POINT ALREADY MADE

- *I would like to come back to what my colleague said about flexitime.*
- *I fully agree with my colleague about the canteen. If there were[1] a canteen nearby, mothers with small children could take a shorter lunchbreak and then would be able to get home earlier in the evening.*

D) MAKING A SUGGESTIOIN

- *I have a suggestion to make concerning parking spaces.*

- *Wouldn't it be a good idea to number the spaces?*

- *What about numbering the spaces?*
- *Why don't we number the spaces?*
- *I think that we should have more information meetings.*

E) DISAGREEING

Unfortunately, it is not always possible to agree. You must show you disagree without offending anyone. If you give your reason, people will accept your opinion more easily.

- *I'm afraid I disagree with the suggestion made about numbering spaces in the car-park. As there are not enough spaces for everyone, some people would be permanently excluded from the car-park.*
- *I'm totally against the idea of numbering spaces. The present system of* First come first served *seems fairer to me.*

---

1. *Was* or the subjunctive *were* can be used here after *if*.

C) REVENIR SUR UN POINT

• *J'aimerais revenir sur ce qu'a dit ma collègue à propos de l'horaire flexible.*
• *Je suis tout à fait d'accord avec ma collègue à propos de la cantine. S'il[1] y avait une cantine près d'ici, celles qui ont de jeunes enfants pourraient déjeuner rapidement à midi et rentrer chez elles plus tôt le soir.*

D) FAIRE UNE SUGGESTION

• *J'ai une suggestion à faire concernant les places de stationnement.*
• *Est-ce que ce ne serait pas une bonne idée de numéroter les places?*
• *Et si on numérotait les places?*
• *Pourquoi ne pas numéroter les places?*
• *Je pense qu'on devrait avoir plus de réunions d'information.*

E) DÉSACCORD

Malheureusement, on ne peut être toujours d'accord. Il faut le faire savoir sans heurter. Si vous donnez vos raisons, on comprendra plus facilement votre attitude.
• *Je suis désolée. Je ne suis pas d'accord avec l'idée de numéroter les places de stationnement. Comme il n'y a pas assez de places pour tout le monde, il y en a qui ne pourront jamais trouver de place.*
• *Je suis absolument contre l'idée de numéroter les places. Le système actuel* **Premier arrivé premier servi** *me semble plus juste.*

---

1. Dans une phrase commençant par *si*, on peut mettre *was* ou *were* avec un sujet singulier.

Chapter 7

Avoiding indiscretion

A quality which is sought after in an employee is discretion. When you spend over eight hours a day in someone's company and your task is to help him or her in the job, to check the diary and to ensure that the work is done correctly, you get to know a great deal about the work and the person.

In certain professions both the documents, what is said in private discussions and the agreements reached must remain confidential. Although you may not be informed of the substance of the discussions, you know that they will take place, where and when they will be held, who will be involved. People will sometimes try to get you to reveal something.

Occasionally the information will be of a private nature. Once again, you will have to be very careful. When a colleague asks the question, it is easy to find an answer, but when a superior asks a personal question, a more diplomatic answer is required.

Chapitre 7

Comment éviter
les indiscrétions

Une des qualités que l'on recherche chez un employé est la discrétion. En effet, lorsqu'on passe plus de huit heures par jour au
contact d'une personne et qu'on a pour mission de l'aider dans son
travail, de vérifier son emploi du temps, de s'assurer de la bonne
exécution des tâches professionelles, on arrive à connaître beaucoup
de choses sur le travail et sur la personne.

Dans certaines professions, des documents, des entretiens, des
accords doivent rester confidentiels. Sans être au courant de la teneur
de ces entretiens, en tant que secrétaire vous savez qu'ils auront lieu,
où, quand, avec qui. Toutes ces informations doivent souvent rester
secrètes et on essaiera parfois de vous les arracher.

Quelquefois il s'agira d'informations d'ordre privé que l'on
essaiera d'obtenir. Là encore vous devez être très prudente. Quand
ces questions viennent d'une collègue, la réponse est plus facile mais
quand c'est un supérieur qui vous pose une question indiscrète, vous
devez faire preuve de diplomatie.

A) WITH A COLLEAGUE

A colleague can be anyone who is on the same level that you know well or reasonably well.

1) Concerning your boss

When he is away, people will ask where he is, when he is coming back and the reasons for his absence.

If he is only away for a short time, you can be vague:
- *He's not here for the moment.*
- *He'll be right back.*
- *He's got an appointment.*
- *He's coming back later at the end of the morning | in the evening.*

You can leave things open:
- *Oh, he'll probably be back around five o'clock.*
- *I think he'll be back at about five o'clock.*

You can say that you have not been informed:
- *I really don't know, I'm afraid.*
- *He didn't say.*

With a very persistent colleague, you may need to be firm and to the point:
- *I don't see that this is any concern of yours* (rather brusque).

Irony can be a way of avoiding the issue:
- *I didn't realise you were so interested.*
- *Why this sudden interest?*
- *Sorry. I'm not saying anything.*

However, if you prefer to remain formal, you can say:
- *I'm afraid I'm not authorized to give you that information.*

A) AVEC UN COLLÈGUE

Par collègue on entend quelqu'un qui est sur un pied d'égalité et que vous connaissez bien ou assez bien.

1) Concernant votre chef

En cas d'absence on voudra savoir où il est, quand il revient, les motifs de son absence, etc.

S'il s'agit d'une absence momentanée, restez vague :
- *Il est absent pour le moment.*
- *Il va arriver.*
- *Il a un rendez-vous.*
- *Il reviendra plus tard, en fin de matinée / dans la soirée.*

Vous pouvez laisser planer un doute :
- *Il sera certainement là vers 5 h.*
- *Je pense qu'il sera là à 5 h.*

Vous pouvez dire que nous n'êtes pas au courant.
- *Je n'en sais rien, je suis désolée.*
- *Il ne m'a rien dit.*

Avec un collègue tenace, il faut savoir être ferme, voire très directe :
- *Je ne vois pas en quoi ça te regarde* (familier).

Utilisez l'ironie :
- *Je ne savais pas que tu lui portais un tel intérêt.*
- *Que veut dire cet intérêt soudain ?*
- *Désolée, je ne te dirai rien.*

Pourtant, si vous préférez rester formelle, vous pouvez dire :
- *Je ne suis pas autorisée à vous donner ces renseignements.*

2) Concerning the work

If you are asked about the work or the organisation, again you can plead ignorance or remain vague:
- *The date hasn't been fixed yet.*
- *Sorry. I can't help you there.*
- *You had better ask her.*
- *It's confidential. I'm sure you understand that I'm not allowed to tell you.*

3) Concerning members of staff

For the sake of efficiency in the workplace, a peaceful, harmonious environment is necessary. For that reason, a good climate has to be carefully maintained. Clearly, in any social group, clans and rivalries emerge.

It is difficult and sometimes impossible not to get involved, as we cannot avoid having opinions and passing judgment. We have to be skilled at avoiding conflicts. If you are asked what you think of the department, or your colleagues, think carefully before you answer. Do not be too categorical or too negative:
- *I have the impression that there are going to be some changes, but I don't know anything definite.*
- *I haven't noticed anything special.*
- *You know, I never pay attention to that sort of thing.*
- *Nobody has said anything to me about that.*
- *You may be right. I just do my work and the rest is not my concern.*

B) WITH A SUPERIOR

The difficulty of the situation arises from the fact that the person seeking to obtain information concerning your boss has two advantages: position and assertiveness, which often go together.

If in answer to the question: *Where is Mr. Jansen?*, you reply:
- *I really don't know, I'm afraid,*

2) Concernant le travail

Si on vous pose des questions sur le travail, l'organisation etc., l'ignorance ou le doute vous aident une fois encore :
- *La date de la réunion n'a pas encore été fixée.*
- *Désolée. Je ne peux pas vous aider.*
- *C'est à elle qu'il faut demander.*
- *C'est confidentiel, vous comprenez que je ne peux rien dire.*

3) Concernant le personnel

Pour travailler efficacement, il est nécessaire d'évoluer dans un environnement harmonieux et pacifique. Pour cela, il faut veiller à maintenir un bon climat. Pourtant, on sait que dans tous les groupes se forment des clans, des rivalités.

Ne pas s'y mêler est difficile voire impossible. On ne peut s'empêcher d'avoir un avis, de porter un jugement. Sachez éviter les conflits. Si on vous demande ce que vous pensez d'un service, des collègues, pondérez votre réponse. Ne soyez pas trop catégorique, ni foncièrement négative :
- *J'ai l'impression qu'il va y avoir des changements, mais je ne sais rien de précis.*
- *Je n'ai rien remarqué de particulier.*
- *Tu sais, je ne fais jamais attention à ces choses-là.*
- *On ne m'a rien dit.*
- *C'est possible, je fais mon travail et je ne m'occupe de rien d'autre.*

B) AVEC UN SUPÉRIEUR

La difficulté de cette situation réside dans le fait que la personne qui veut entrer en possession d'informations concernant votre chef a pour elle deux atouts : sa position et l'assurance qu'elle lui donne, les deux étant souvent liées.

Si, à une question comme : *Où est M. Jansen ?,* vous répondez :
- *Je n'en sais rien,*

a superior may retort:
- *But it's your job to know where he is during working hours.*

Stick to your guns:
- *Mr Jansen didn't tell me and it's not for me to ask.*

You may also pre-empt the next question in your answer:
- *Mr. Jansen said he had an appointment, but I'm afraid he didn't say who with.*

You can be very frank:
- *I'm very sorry, but I don't feel authorised to give you that information.*
- *I'm terribly sorry, but Mr. Jansen asked me not to say anything about this affair.*
- *I'm terribly sorry, but Mr. Jansen asked me not to speak to anyone about this without his permission.*
- *I think perhaps you had better ask him yourself.*

If someone tries to go straight into Mr. Jansen's office, jump in quickly:
- *Can I help you?*
- *Mr. Jansen asked me not to let anyone go into his office.*

- *Mr. Jansen expressly asked me to make sure no one goes into his office.*

If you are asked about his work, how far he has got in his research, the financial situation of the company, etc., you can reply:

- *This is a complex question. I would rather you discussed it with Mr. Jansen himself.*
- *I wouldn't want to give you the wrong information.*

on peut vous rétorquer :
- *Mais c'est votre travail, vous devez savoir où il se trouve pendant les heures de bureau.*

Retranchez-vous derrière votre position :
- *M. Jansen ne m'a rien dit. Ce n'est pas à moi de lui poser des questions.*

Prévoyez la question suivante :
- *M. Jansen avait un rendez-vous mais il ne m'a pas dit avec qui.*

Vous pouvez aussi être très franche :
- *Je suis désolée mais je ne suis pas autorisée à donner cette information.*
- *Je suis vraiment désolée mais M. Jansen m'a demandé de garder le silence sur cette affaire.*
- *Je regrette mais M. Jansen m'a demandé de n'en parler à personne sans son autorisation.*
- *Je crois qu'il faudrait mieux lui poser la question personnellement.*

Quelqu'un peut essayer d'entrer directement dans le bureau de M. Jansen. Intervenez rapidement :
- *Si je peux vous aider ?*
- *M. Jansen m'a recommandé de ne laisser entrer personne dans son bureau.*
- *M. Jansen m'a bien précisé de veiller à ce que personne n'entre dans son bureau.*

Si on vous pose des questions sur ses travaux, l'état de ses recherches, la situation financière de l'entreprise, etc', vous pouvez répondre :
- *Ces questions sont complexes, je préférerais que vous en parliez avec M. Jansen lui-même.*
- *Je ne voudrais pas faire d'erreur.*

If you are asked about his private life, put a stop to it immediately:

- *I'm not interested in other people's private lives.*
- *I'm very sorry. I would have liked to be able to give you the information but I don't know the answer.*
- *Yes, I've heard the name but I haven't heard anything definite.*
- *Is that so? I didn't know.*

On peut vous poser des questions sur sa vie personnelle. Mieux vaut couper court tout de suite :

- *La vie privée des autres ne m'intéresse pas.*
- *Je suis désolée, j'aurais aimé pouvoir vous renseigner mais je ne suis pas au courant.*
- *Oui, j'ai déjà entendu ce nom, mais je ne sais rien de précis.*
- *Ah ! Vraiment ? Je ne savais pas.*

Chapter 8

Apologising

There are many occasions which call for a polite apology. Sometimes you must apologise on your own behalf, but more often you must apologise on behalf of your boss or the company. An apology is a powerful means of calming tensions, re-establishing good relations and goodwill.

A) APOLOGISING ON ONE'S OWN BEHALF

No one is perfect. Everyone makes mistakes. Inevitably we are sometimes late, mislay documents, fail to meet the deadline, forget to make an important phone call. When it is your fault or you feel that you must take the blame, you can say:

- *I'm terribly sorry. It's my fault.*
- *I'm afraid I'm the one to blame.*
- *I'm really sorry. It won't happen again.*
- *I do apologise. It's not like me. I really don't know how it happened.*

- *I'm sorry. I seem to have mislaid the documents. I'm sure I'll find them in a moment.*
- *I'm terribly sorry. I simply forgot all about it.*

Chapitre 8

S'excuser

Les occasions qui exigent une excuse polie sont malheureusement très nombreuses. Quelquefois vous devez vous excuser pour votre propre compte mais le plus souvent vous devrez le faire pour le compte de votre chef ou de l'entreprise. S'excuser est un moyen efficace de calmer les tensions, de rétablir de bons rapports et un esprit de coopération.

A) S'EXCUSER POUR SON PROPRE COMPTE

Personne n'est parfait. Chacun fait des fautes. Inévitablement, il nous arrive d'être en retard, d'égarer un document, de dépasser un délai, d'oublier de donner un coup de fil important. Quand c'est votre faute ou s'il vous semble que vous en portez la responsabilité, vous pouvez dire :

- *Je suis vraiment désolée. C'est ma faute.*
- *Je suis désolée, c'est moi la responsable.*
- *Je suis vraiment navrée. Cela n'arrivera plus | ne se produira plus.*
- *Je vous fais toutes mes excuses | Je vous présente mes excuses | Ce n'est pas mon habitude. Je ne comprends vraiment pas ce qui m'est arrivé.*
- *Je suis désolée, j'ai bien peur d'avoir égaré les documents. Je suis sûre que je vais les retrouver dans un instant.*
- *Je suis sincèrement désolée. J'ai complètement oublié.*

We are not always to blame for mistakes:
- *I'm sorry. It's not my fault.*
- *I'm sorry, but I had nothing to do with it* (informal).
- *I'm sorry, but it couldn't be helped.*

It is always advisable to provide an excuse, if you have a valid one:
- *I'm sorry I'm late, but the traffic was awful this morning.*

- *I'm sorry I'm late. There is a train strike.*
- *I'm sorry I haven't been able to finish the report. My phone hasn't stopped ringing all morning.*
- *I'm afraid I simply haven't had time to get in touch with Mrs. Jameson.*
- *I'll do it straightaway.*
- *I'll see to it straightaway.*

Sometimes you are not to blame but for the sake of peace you may decide that it is better not to insist on that fact.
- *I'm sorry. I can't remember you asking me to do that, but I'll do it straightaway. | I'll see to it immediately. I'll give Mr. Abel a ring and apologise.*

B) APOLOGISING ON BEHALF OF ONE'S BOSS OR THE COMPANY

A good employee is a diplomat. It is frequently his or her duty to apologise in this way on behalf of the boss or the company, to smooth things over or to ensure that good relations are maintained within the company and with the outside world.

This may mean telling *white lies*. Some standard excuses are to be found below. Businessmen are sometimes obliged to cancel appointments or meetings at the last moment.

Nous ne sommes pas toujours responsables des fautes :
- *Je suis désolée. Ce n'est pas ma faute.*
- *Je suis désolée, mais je n'y suis pour rien* (**familier**).
- *Je suis désolée, il n'y avait rien à faire.*

Il est toujours recommandé de donner la raison, si elle est valable.
- *Je suis désolée d'être en retard, mais la circulation était terrible ce matin.*
- *Je suis désolée d'être en retard. Il y a une grève des trains.*
- *Je suis désolée, je n'ai pas pu finir le rapport. Mon téléphone n'a pas arrêté de sonner toute la matinée.*
- *Je suis désolée, je n'ai absolument pas eu le temps de contacter Mme Jameson. Je le fais tout de suite.*

- *Je vais m'en occuper toute de suite.*

Quelquefois vous n'êtes pas en tort mais, par souci de maintenir la paix, vous pouvez préférer ne pas insister sur ce fait.
- *Je suis désolée, je ne me rappelle pas que vous m'ayez demandé ça, je vais le faire toute de suite | Je m'en occupe immédiatement. J'appelle M. Abel pour m'excuser.*

G) S'EXCUSER POUR LE COMPTE DE SON CHEF OU DE LA SOCIÉTÉ

Une bonne employée doit se montrer diplomate. Dans ce sens, c'est souvent un devoir de s'excuser pour le compte de son chef ou de la société pour préserver les bonnes relations entre la société et le monde exterieur.

Cela veut dire parfois faire des *mensonges diplomatiques*. Vous trouverez plus bas des excuses classiques. Les hommes d'affaires sont quelquefois obligés d'annuler des rendez-vous ou des réunions au dernier moment.

• *Mr. Jansen asked me to ring you to cancel your meeting for this morning. He's really sorry that he can't attend, but he was called away to an urgent meeting at the last moment.*
• *I'm afraid Mr. Jansen will have to break his appointment this afternoon. He asked me to apologise for him. Unfortunately he has had to go to Berlin and he was only told about it last night. He's very sorry. Could we fix another appointment?*

It may be your unpleasant task to ask for documents that have been lost.
• *I'm terribly sorry. We seem to have mislaid the working documents you sent us for Friday's meeting. Could you possibly send us another copy? That's very good of you.*

C) FORMAL APOLOGIES

Some situations require a very formal apology. In this case you can say:
• *Please accept our sincere apologies for the delay. I'm afraid it couldn't be helped...*
• *Mr. Jansen sends his sincere apologies.*

You may have to decline a formal invitation.
• *Mr. Jansen asked me to thank you for your invitation. Unfortunately he will be unable to attend as he has a prior engagement.*

D) ACCEPTING AND REFUSING APOLOGIES

Quite often you must accept apologies from other people. In this case you can answer:
• *No problem!* (informal)
• *Oh. Don't worry.*
• *Never mind. It doesn't matter.*
• *Never mind. It can't be helped.*
• *Oh, That's perfectly all right.*
• *There's no need to apologise. It's quite all right.*
• *Please, don't apologise. There's no problem*

• *M. Jansen m'a demandé de vous appeler pour annuler la réunion de ce matin. Il est vraiment désolé de ne pouvoir y assister, mais on lui a demandé de participer à une réunion urgente au dernier moment.*

• *Je suis désolée. M. Jansen devra annuler son rendez-vous cet après-midi. Il m'a demandé de l'excuser. Malheureusement, il a dû aller à Berlin et on ne l'a averti qu'hier soir. Il regrette vraiment. Pourrions-nous fixer un autre rendez-vous ?*

Vous pouvez être chargée de la tâche désagréable de demander des documents qui ont été perdus.

• *Je suis vraiment désolée, j'ai peur d'avoir égaré les documents de travail que vous nous avez envoyés pour la réunion de vendredi. Est-ce que vous pourriez nous envoyer une copie ? Ce serait très gentil à vous.*

C) EXCUSES FORMELLES

Certaines situations nécessitent des excuses très formelles. Dans ce cas, vous pouvez dire :

• *Je vous prie d'accepter toutes nos excuses pour le retard. Je suis vraiment désolée, il était impossible de l'éviter.*

• *M. Jansen vous présente toutes ses excuses.*

Il vous arrivera de décliner une invitation formelle.

• *M. Jansen m'a demandé de vous remercier pour votre invitation. Il ne pourra malheureusement pas s'y rendre car il avait déjà pris un engagement.*

D) ACCEPTER OU REFUSER DES EXCUSES

Très souvent l'on reçoit les excuses d'autres personnes. Dans ce cas, vous pouvez répondre :

• *Pas de problème* (informel).
• *Oh. Ne vous en faites pas.*
• *N'y pensez plus, ce n'est rien.*
• *Ce n'est rien.*
• *Je vous en prie, ce n'est rien.*
• *Il ne faut pas vous excuser | Ne vous excusez pas. Tout va bien.*
• *Je vous en prie. Il n'y a pas de problème.*

Less frequently it may be in order to refuse an apology :
- *I'm sorry, but we can't accept your apology.*
- *I'm sorry but that's no excuse.*
- *This is not the first time it has happened; so I'm afraid it's unacceptable.*
- *I'm sorry but I hope this is the last time this will happen.*
- *We cannot go on like this.*
- *It's really very inconvenient.*
- *Could we please ask you to inform us earlier in future as it makes things very difficult for us.*

I'm sorry, I'm afraid I have mislaid the documents.

Plus rarement, il vous faudra refuser une excuse :

- *Je suis désolée, mais nous ne pouvons accepter vos excuses.*
- *Je suis désolée, mais ce n'est pas une excuse.*
- *Ce n'est pas la première fois que ça arrive, je suis navrée c'est inacceptable.*
- *Je regrette mais j'espère que c'est la dernière fois que ça arrive.*
- *On ne peut pas continuer comme ça.*
- *C'est vraiment très ennuyeux.*
- *Est-ce que vous pourriez nous avertir plus tôt à l'avenir, vous nous rendez les choses très difficiles.*

Je suis désolée, je crois que j'ai égaré les documents.

Chapter 9
Defending your opinion and your interests

Even though you may be a past master at apologising and keeping the peace, this does not mean that you should not stand firm and defend your opinion when you are in the right. However, office life requires of everyone a certain measure of tact.

A) DEFENDING AN ACTION

Employees whose bosses are frequently absent are obliged to take initiatives. Some bosses are very grateful for this.
If this is the case, when they come back to the office, you can say:

- *I went ahead and booked the usual room for the monthly co-ordination meeting. I hope that is all right.*
- *I wasn't sure whether you wanted me to | if I was doing the right thing, but I sent the report to the translation department so that it will be back in time for the meeting. I hope I did the right thing.*

Your boss will probably say:
- *Thank you. You were quite right to do so. I had forgotten to remind you before I left.*

Chapitre 9

Défendre son opinion
et ses intérêts

Même si vous êtes passée maître dans l'art de vous excuser et de maintenir la paix, cela ne veut pas dire que vous ne pouvez pas vous affirmer et défendre votre opinion quand vous êtes dans votre droit. Cependant, la vie professionnelle nécessite un certain tact.

A) DÉFENDRE UNE ACTION

Les employés dont les patrons s'absentent souvent sont obligés de prendre des initiatives. Certains patrons en sont reconnaissants.

Si c'est le cas, quand ils reviennent au bureau, vous pouvez dire simplement :

• *J'ai pris l'initiative / j'ai pris sur moi de réserver la salle habituelle pour la réunion de coordination mensuelle. J'espère que j'ai bien fait.*

• *Je ne savais pas si vous le souhaitiez / si je faisais bien, mais j'ai envoyé le rapport au service de traduction pour qu'il soit là à temps pour la réunion. J'espère que c'est ce qu'il fallait faire.*

Votre chef vous dira sûrement :

• *Merci. Vous avez très bien fait, j'avais oublié de vous le rappeler avant de partir.*

However, some bosses may reproach you with having acted without their authorisation or for having taken the wrong action. In that case you must defend your action:

- *If I hadn't[1] taken it upon myself to send the documents for translation, they would never have been back in time.*
- *I'm sorry but you didn't leave me any instructions. I knew that it would be easier to cancel the room than to find one at this late date. I thought I had better take the risk.*

- *Perhaps I should have asked you before you left, but I'm afraid it didn't occur to me. I simply did what I thought was best.*

- *I tried to contact you in Miami to get your authorisation | the green light | the go-ahead, but I couldn't get hold of you.*

B) CONTRADICTING IN A TACTFUL WAY

When you are sure you know best, it is easier to win people over to your opinion if you remain polite and make your point gently but firmly. If you disagree with a colleague or your boss you can begin:

- *I understand how you feel | your point of view | why you are saying that, but don't you think it would be better to . . . ?*
- *I can see your point, but I feel that . . .*
- *I'm afraid I don't quite agree. I see this differently.*

- *I can understand what you are saying, but I think we mustn't forget that it takes a long time to learn how to use a new piece of software.*
- *You might be right, but my feeling is that . . .*

---

1. This situation requires rather complicated linguisitic structures: past conditionals and modal verbs.

Mais certains chefs peuvent vous reprocher d'avoir agi sans instruction ou d'avoir pris une mauvaise initiative. Dans ce cas, vous devez justifier votre action :

- *Si je n'avais[1] pas décidé d'envoyer les documents à la traduction, ils n'auraient pas été là à temps.*
- *Je suis navrée mais vous ne m'aviez pas laissé d'instructions, je sais qu'il est plus facile d'annuler une réservation pour une salle que d'en trouver une au dernier moment, c'est pourquoi j'ai pensé que ça valait la peine de prendre le risque.*
- *J'aurais peut-être dû vous le demander avant votre départ, je dois reconnaître que ça ne m'est pas venu à l'idée. J'ai cherché à agir le mieux possible | au mieux.*
- *J'ai essayé de vous contacter à Miami pour avoir votre autorisation | le feu vert | votre accord, mais je n'ai pas pu vous joindre.*

B) CONTREDIRE SANS HEURTER

Quand vous êtes sûre d'avoir raison, il est plus facile de convaincre les gens si vous restez polie et si vous faites connaître votre avis calmement mais fermement. Si vous n'êtes pas d'accord avec un collègue ou votre patron, vous pouvez commencer par :

- *Je comprends ce que vous pensez | votre point de vue | pourquoi vous dites ça, mais ne pensez-vous pas qu'il serait mieux de ... ?*
- *Je comprends votre point de vue, mais il me semble que ...*
- *Je suis désolée je ne suis pas tout à fait d'accord. Je vois ça d'un point de vue différent.*
- *Je comprends ce que vous dites mais je crois qu'il ne faut pas oublier qu'apprendre à utiliser un logiciel demande beaucoup de temps.*
- *Vous avez peut-être raison, mais à mon sens ...*

---

1. Cette situation demande l'emploi de structures linguistiques complexes : conditionnels passés et verbes auxiliaires.

C) PROPOSING A SOLUTION

It is not always enough to express an opposite view and wait for someone else to find a solution. The best idea is to think of a solution yourself and to propose it. Obviously your solution will have to take into account the feelings and the interests of all the people involved. This can mean a compromise solution but it is usually better for you if your solution is the one which is accepted.

A good example of a situation in which compromise is needed is when you are asking for leave or for your holidays. Sometimes your wishes may conflict with those of your colleagues or the interests of the service.

- *I would be willing to work in July this year if I can take a month at Easter.*
- *I would like to take a day's leave on Friday and Janet has kindly agreed to cover for me and stay on late if necessary. Would that be all right ?*

Often the best way to defend your interests is to consider the interests of the service. For example, if you are asked to share an office with someone, you could say :

- *I don't mind sharing an office if there is no other way, but I think it would be inconvenient as I have a lot of visitors and so does Adrian. Things might appear a little chaotic to the clients. Wouldn't it be better to put up a partition ?*

If you have been asked to share with a colleague you do not get on with, you could suggest sharing with someone else :

- *I have no real objection, but I was thinking that my work is compatible with Janet's, so perhaps it would be a good idea if I shared with her.*

C) PROPOSER UNE SOLUTION

Il n'est pas toujours suffisant d'exprimer un avis différent et d'attendre que quelqu'un d'autre trouve une solution. Le mieux est de chercher vous-même une solution et de la proposer. Il va de soi que votre solution devra prendre en compte les positions et les intérêts de toutes les personnes concernées. C'est en quelque sorte un compromis mais en général, il vaut mieux pour vous que ce soit votre solution qui soit retenue/acceptée.

Un bon exemple de situation où le compromis est nécessaire est celui du choix des congés ou des horaires. Quelquefois vos préférences se heurtent à celles de vos collègues ou aux besoins du service.

- *Je veux bien travailler en juillet cette année si je peux prendre un mois à Pâques.*
- *J'aimerais prendre un jour de congé vendredi, Janet veut bien me remplacer et rester plus tard si c'est nécessaire. Est-ce que ce serait possible ?*

Souvent le meilleur moyen de défendre vos intérêts est de mettre en avant les intérêts du service. Par exemple, si on vous demande de partager votre bureau avec quelqu'un d'autre, vous pourrez dire :
- *Je veux bien partager mon bureau s'il n'y a pas d'autre solution, mais je pense que cela posera des problèmes. Je reçois beaucoup de visiteurs et Adrian aussi ; cela peut donner une mauvaise impression aux clients. Est-ce qu'il ne vaudrait pas mieux mettre une cloison ?*

Si on vous demande de partager votre bureau avec une collègue que vous n'appréciez pas beaucoup, vous pouvez suggérer de la partager avec quelqu'un d'autre :
- *Je n'y vois aucun inconvénient, mais je travaille sur les mêmes dossiers que Janet, ce serait peut-être une bonne idée que nous soyons dans le même bureau.*

Chapter 10

Cocktail parties, farewell parties, birthday celebrations

We are going to end this book with the most agreeable part. Professional life is interspersed with celebrations which help one to forget the fatigue and the difficult moments.

Those who work in services which neglect this type of social event must forgive us for raising the subject!

A) THE CHRISTMAS PARTY

Both the festive spirit and team spirit manifest themselves in these celebrations, whether they be birthday or farewell parties, or a drink on the occasion of someone's promotion.

Celebrations are an opportunity to meet in a more relaxed atmosphere. It is easier to get to know each other and to say things that you would not normally say.

But beware! The atmosphere and a glass of wine can encourage you to say something you might regret the morning after, when you are back in the office.

Chapitre 10

Cocktails, verres d'adieu, anniversaires

Nous voulons terminer ce petit livre par la partie la plus agréable. La vie professionnelle est ponctuée de festivités qui permettent d'oublier fatigues et autres moments difficiles.

Que ceux qui travaillent dans des services où on néglige cet aspect social nous pardonnent de les évoquer !

A) LE COCKTAIL DE FIN D'ANNÉE

L'esprit de fête et d'unité se manifeste dans les cocktails et différentes célébrations : anniversaire, promotion, départ.

C'est l'occasion de se réunir de façon plus détendue, cela permet de mieux se connaître et de dire ce que l'on n'aurait pas dit dans un bureau. L'atmosphère et le vin délient les langues.

Prudence encore et toujours. Demain vous serez à nouveau derrière votre bureau et vous pourriez regretter une parole un peu vive.

With this advice in mind, you can greet your boss who has kindly organised a Christmas party:
  • *It was very kind of you to organise the party.*

If he is honest, he will admit that you have done most of the organising; then you will say:
  • *Perhaps, but it's thanks to you all the same.*

In the course of the party, you may say:
  • *It's a nice way to end the year | to finish off the year.*
  • *Everything is perfect as usual.*
  • *Everyone managed to make it (to come), which proves there's a good climate.*

At the end of the evening you will have to thank the organisers:
  • *Thank you. It was a great success.*
  • *Goodbye. It was a really good idea to end the year in such a pleasant way.*
  • *It's very kind of you to have invited your staff. We really appreciate it.*

You might remark that it is a shame that there are not more celebrations.
Among colleagues:
  • *It's a pity we don't get together more often.*
  • *We should do this more often.*
  • *We should see each other more often. We've been working together for six months and we hardly know each other.*

B) A COLLEAGUE'S BIRTHDAY

One of your colleagues has his birthday.

  • *You can't keep any secrets from us! We all know it's your birthday today.*

Après ces ultimes recommandations, vous pouvez saluer votre chef qui organise un cocktail de fin d'année.
- *C'est très gentil à vous d'organiser cette fête.*

S'il est honnête il reconnaîtra que le mérite vous en revient. Ce à quoi vous pourrez rétorquer :
- *Peut-être, mais c'est à vous que nous le devons.*

Au cours de la fête, vous pourrez échanger quelques mots :
- *C'est une façon agréable de terminer l'année / de se quitter.*
- *Tout est parfait comme d'habitude.*
- *Tout le monde a pu se libérer, cela prouve le bon climat.*

A la fin de la soirée, vous devez remercier :
- *Merci, c'était très réussi.*
- *Au revoir, c'était une très bonne idée de terminer l'année de cette façon.*
- *C'était très gentil à vous d'inviter tout votre personnel, nous y avons été sensibles.*

On peut déplorer que cela ne se renouvelle pas plus souvent. Entre collègues :
- *Quel dommage qu'on ne se voie pas plus souvent !*
- *On devrait le faire plus souvent.*
- *Il faut se voir plus souvent. On travaille ensemble depuis six mois et on ne se connaît pas.*

B L'ANNIVERSAIRE D'UN COLLÈGUE

Avec vos collègues, vous vous réunissez pour l'anniversaire de l'un d'entre vous.
- *Eh oui ! Tu ne peux rien nous cacher, tout le monde sait que c'est ton anniversaire aujourd'hui.*

If you give him a present on behalf of your colleagues what you say will depend on the present:

- *This is from all of us in the department. Happy birthday.*
- *I hope you will like it!*

If you are the lucky person who receives a present, a few words are called for to express thanks:

- *It's very kind of you.*
- *Oh, you shouldn't have!*
- *I really don't know what to say.*
- *Thank you so much.*
- *It's really nice.*
- *I'm very touched.*

C) A COLLEAGUE IS LEAVING

One of your colleagues is leaving the company and you have organised a cocktail party. You ask your boss to join you:

- *Mr. Jansen, we've prepared a little celebration. Would you like to join us? We would be very happy if you could join us.*
- *It won't be the same without you!*
- *We would really like you to be with us.*

To your colleague you will say.

- *We are all going to miss you.*
- *It has been nice working with you.*
- *Do come back and see us.*
- *All the best.*
- *Goodbye.*

We wish our readers every success in their future careers.

Si vous offrez un cadeau un nom de vos collègues, ce que vous direz dépendra du cadeau.
- *C'est de la part de tout le service. Joyeux anniversaire.*
- *J'espère que cela te fera plaisir.*

Si vous avez la chance de recevoir un cadeau, dites quelques mots de remerciements :
- *C'est vraiment très gentil.*
- *Vous n'auriez pas dû !*
- *Je ne sais pas quoi dire.*
- *Merci beaucoup.*
- *c'est ravissant.*
- *Je suis très touchée.*

C) DÉPART D'UN COLLÈGUE

Un collègue quitte l'entreprise, vous avez organisé un cocktail, vous demandez à votre chef de se joindre à vous.
- *Monsieur, nous avons préparé une petite fête, voulez-vous joindre à nous ? Nous serions heureux si vous pouviez venir.*
- *La fête ne sera pas réussie si vous ne venez pas.*
- *Nous aimerions que vous soyez parmi nous.*

A votre collègue vous direz :
- *Vous allez nous manquer.*
- *C'était un plaisir de travailler avec vous.*
- *Revenez nous voir.*
- *Bonne chance.*
- *Au revoir...*

Cher lecteur, nous vous souhaitons beaucoup de succès dans votre carrière.

Tests with answer key

Chapter I. Presenting yourself

a) I've come to.. the forms.
b) I've come .... the secretarial post.
c) I.................................. my O Levels in 1985.
d) My job entails................................ the phone.

e) What are the career.................................... ?

Chapter II. Taking care of visitors

a) What is it .... ?
b) Would it be possible .... you to see him?
c) What do you think .... our new premises?
d) Mr. Jansen is............................. in a meeting.
e) We do apologise for the..................................

Chapter III. Answering the telephone

a) Hello. Training Department. Susan Jones ....
b) Is .... Mr. Smith?
c) Could you put me .... to the Sales Department, please?
d) Who shall I say is................................, please?
e) Don't worry. I'll deal with this question myself and I'll
   .... you .... what happens.

Test et correction

Chapitre I. Se présenter

a) Je suis très........................ le poste que vous offrez.
b) J'ai travaillé .... cinq ans chez Eurolud.
c) Mon travail .... à taper des lettres.
d) Si vous voulez des renseignements..........., vous pouvez contacter M. Dumont.
e) Y a-t-il des .... de carrière?

Chapitre II. Présenter et accueillir les visiteurs

a) Vous venez de .... de qui?
b) Il voudrait vous montrer sa dernière.......... de produits.
c) Il vient sur les .... de Mme Lenoir.
d) Il est regrettable que M. Jansen ne.......... vous recevoir.
e) Désolée de ce...

Chapitre III. Répondre au téléphone

a) Allo. Suzanne Jones, à....................................
b) Pourriez-vous rester en ....
c) Je...................... à ce que M. X. ait votre message.
d) Je vous... des suites.
e) Ne quittez pas. Je vous le ....

Chapter IV. Making and answering inquiries

a) I'd like to make an.......................................
b) Could you tell me the......... for applications for training courses?
c) I've been asked to .... the question of absenteeism.

d) Mr. Sawyer recommended that I..... in..... with you.
e) Thank you. You've been very ....

Chapter V. Making requests

a) I've got a deadline to ....
b) Would you be so kind .... contact these people for me?
c) Would you mind .... in touch with these people?

d) I'm very................................. to you for this.
e) Could you possibly do me a............................ ?

Chapter VI. Expressing your opinion: satisfaction or displeasure, agreement or disagreement

a) I'm .... to hear that.
b) I.................... with my colleague about the canteen.
c) What about .... spaces?
d) Why don's we .... the spaces?

e) "First come, first .... "

Chapter VII. Avoiding indiscretion

a) He'll be .... back.

b) I'm afraid I'm not .... to give you that information.
c) I think perhaps you had better .... him yourself.
d) I would rather you............. it with Mr. Jansen himself.

e) Mr. Jansen asked me ...... to let anyone go into his office.

Chapitre IV. Demander ou donner un renseignement

a) Quelle est la date .... des inscriptions ?
b) Où pourrais-je obtenir un .... d'inscription ?

c) On m'a dit que vous étiez la personne la mieux
.... pour m'aider.
d) Je voudrais avoir la .... que la réunion aura lieu.
e) Je vous suis très .... des informations que vous m'avez
données.

Chapitre V. Présenter des demandes

a) Auriez-vous la .... de contacter ces personnes.
b) A .... de revanche.
c) Si j' .... promue, je pourrais utiliser mes connaissances
en informatique.
d) J'ai beaucoup .... votre aide.
e) J'ai le même grade .... quatre ans.

Chapitre VI. Exprimer une opinion : satisfaction ou mécontentement, accord ou désaccord

a) C'est triste. Quel....................................... !
b) Je dois dire que le service est satisfaisant, dans ....
c) J'aimerais .... sur ce qu'a dit ma collègue.
d) Pourquoi............... les places de stationnement ? (à la
forme négative).
e) Il faut essayer de contredire sans ....

Chapitre VII. Comment éviter les indiscrétions

a) Je .... à M. Jansen de votre regret de n'avoir pas
été informé (formel).
b) Je ne vois pas en quoi ça te.................... (familier).
c) Que veut dire cet intérêt................................. ?
d) M. Jansen m'a bien .... de veiller à ce que personne ne
rentre dans son bureau.
e) Je voudrais pouvoir vous aider, mais je ne suis pas
au ....

Chapter VIII. Apologising

a) We seem to have......................... the documents.
b) I'm sorry but it couldn't be...............................

c) I'll see.................................... it straightaway.
d) She was called ... to an urgent meeting at the last moment.

e) Please accept our sincere.................... for the delay.

Chapter IX. Defending your opinion and your interests

a) I went........ and booked the usual room for the monthly co-ordination meeting.
b) I can see your ...., but I feel that ....
c) I understand ..... you feel, but don't you think it would be better to use the database.
d) I see this ....

e) You may be right, but my..................... is that it is not the best solution.

Chapter X. Cocktail parties, farewell parties, birthday celebrations

a) It was very .... of you to organise the party.

b) We've prepared a little celebration. Would you like to.. us.
c) This is........................ all of us in the department.
d) It has been nice............................... with you.
e) We wish you every................. in your future career.

Chapter VIII. S'excuser

a) Je suis désolée, cela ne se............................ plus.
b) Je suis désolée, j'ai bien .... d'avoir égaré les documents.
c) Je vais m'en .... tout de suite.
d) Si vous pouviez m'envoyer une copie, ce serait très .... à vous.
e) Je suis................................, c'est inacceptable.

Chapitre IX. Défendre son opinion et ses intérêts

a) J'ai pris l' .... de réserver la salle habituelle.

b) J'ai pensé que cela .... la ... . de prendre la risque.
c) Si je n'avais pas envoyé les documents, ils............... là à temps (à la forme négative).
d) J'ai essayé de vous contacter mais je n'ai pas réussi à vous ....
e) Je veux bien .... mon bureau, mais je crois qu'il vaudrait mieux mettre une cloison.

Chapitre X. Cocktails, verres d'adieu, anniversaires

a) Tout le monde a pu se ...., cela prouve le bon climat.
b) C'est très gentil à vous d'avoir invité tout le personnel, nous y avons été...
c) Je vous remercie, je suis très...............................
d) Nous aimerions que vous .... parmi nous.
e) Vous allez nous...

ANSWERS

Chapter   I: a) pick up, b) about, c) passed / took, d) answering, e) prospects.

Chapter   II: a) about, b) for, c) of, d) held up, e) inconvenience.

Chapter   III: a) speaking, b) that, c) through, d) calling, e) let...................................... know.

Chapter   IV: a) inquiry, b) deadline, c) look into, d) get........................... touch, e) helpful.

Chapter   V: a) meet, b) as to, c) getting, d) grateful, e) favour.

Chapter   VI: a) glad / sorry, b) fully, c) numbering, d) number, e) served.

Chapter   VII: a) right, b) authorised, c) ask, d) discussed, e) not.

Chapter   VIII: a) mislaid, b) helped, c) to, d) away, e) apologies.

Chapter   IX: a) head, b) point, c) how, d) differently, e) feeling.

Chapter   X: a) kind, b) join, c) from, d) working, e) success.

CORRIGÉ

Chapitre   I: a) intéressée, b) pendant, c) consiste,
d) complémentaires, e) perspectives.

Chapitre   II: a) la part, b) gamme, c) recommandations,
d) puisse, e) contretemps.

Chapitre   III: a) l'appareil, b) ligne, passe, c) veillerai,
d) tiendrai au courant.

Chapitre   IV: a) limite, b) formulaire, c) placée, d) confirmation, e) reconnaissante.

Chapitre   V: a) la gentillesse, b) charge, c) étais, d) apprécié
e) depuis.

Chapitre   VI: a) dommage, b) l'ensemble, c) revenir, d) ne
pas numéroter, e) heurter.

Chapitre VII: a) ferai part, b) dérange, c) soudain, d) précisé,
e) au courant.

Chapitre VIII: a) reproduira, b) peur, c) occuper, d) gentil,
navrée.

Chapitre   IX: a) initiative, b) valait la peine, c) n'auraient pas
été, d) joindre, e) partager.

Chapitre   X: a) libérer, b) sensibles, c) touchée, d) soyez,
e) manquer.

EUROSPEAK - a User's Guide
The Dictionary of the Single Market
Francois Gondrand

'For those in business or study and Eurocrats, this volume is an essential lifebelt in the choppy sea of Eurospeak.'

Good Book Guide

* In 1993 the single market will serve 337 million customers.
* It will affect all our lives in one way or another.
* It will form the world's largest market with a single common language to all:

EUROSPEAK

Derogation? Directive?
Basel-Nyborg Agreements?
Eurocoop?
BABEL? GALILEO?

Whether you are in business or a student, an aspiring Eurocrat or an armchair Eurowatcher, **Francois Gondrand's** book is essential reference to understanding the confusing, changing and complex language of the European Community, the Single Market and the EEA (European Economic Area).

* After an entertaining introduction the book launches into a colourful section of exercises to test your absolute fluency in Eurospeak.

* The core of the book comprises an A-Z dictionary of over a thousand definitions and explanations of the concepts, acronyms and phrases arising out of the EC's institutions, programmes, treaties, debates and directives.

BUSINESS ACROSS BORDERS

Business Across Borders is a unique series of bilingual books which combine the benefits of business, behaviour, and language guides in one volume.

It debuts with a group of English-French titles designed to meet the needs of international business people and students for hands-on, practical guides on key topics.

They feature a substantive intercultural Introduction by **John Mole**, author of *Mind Your Manners*, to guide the reader through the crucial cross-cultural differences in behaviour and expectations between the English and French-speaking countries.

★ The authors hold appointments at the EC's top-rated training division in Brussels.

★ The English-French bilingual text is set face-to-face for easy reading and reference.

MEETINGS
in English and French
Pamela Sheppard and Bénédicte Lapeyre
Introduction by John Mole

★ *Meetings* covers in step-by-step sequence the key skills of not only running a meeting in French as well as English, but also fully participating in this essential business activity.

NEGOTIATION
in English and French
Pamela Sheppard and Bénédicte Lapeyre
Introduction by John Mole

★ *Negotiation* covers in step-by-step sequence the key aspects of negotiating in French as well as English, enabling you to enhance your argument, defuse tensions and win you the esteem of your opposite number.